マルクス=エンゲルス素描

太田昌国=訳・解説
エルネスト・チェ・ゲバラ=著

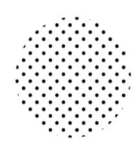

現代企画室

マルクス＝エンゲルス素描

エルネスト・チェ・ゲバラ＝著

太田昌国＝訳・解説

目次

（凡例）

翻訳に際して依拠したテキストについては、「解説」の末尾で触れた。

原文中の大文字表記の語句は「　」で括った。

書物のタイトルおよび新聞・雑誌名に当たるものは『　』で括った。

訳者の判断で補った語句は〔　〕で括った。

著者チェ・ゲバラおよび原典編集者によって付された脚註は、文中の該当語句に☆印をつけ、その語句がある見開き頁の奇数頁左端においた。

本文中に★印と番号を付した表現には訳註をつけて、七五頁から八一頁にまとめて記した。

引用文献中の傍点は、原文ではイタリック体で記されていた語句である。

スペイン語版／英語版「編集者のノート」

「今は聖カルロス〔カール・マルクスのこと〕が一番重要なもので、軸となる存在であり、ぼくがこの地球上に生きている限りそうあり続けるでしょう」(★1)。これは、エルネスト・ゲバラ・デ・ラ・セルナが、一九五六年一〇月、メキシコから母親に宛てた手紙のなかで、カール・マルクスに言及して書いたことばである。きわめて実り豊かな、予感に満ちた人格形成の一段階を経つつあったことを明かしていることばだ。ゲバラは、自ら蓄えてきた強力な知的資質を基盤に、未来を我がものにしようとしていた。彼は周囲の状況を意識的に探るというところから出発していたが、その認識は理論の限界を超えて、矛盾に満ちた、多様な現実からこそ滋養分を吸収するに至っていた。理論と実践の、この内的な関連性は、月並みなあり方とは違って、革命の必然性を彼に自覚させ、いまだ明快な形をなしてはいない使命を果たす気概をも彼に与えるものであった。

若きエルネストは、的確な回答を見つける理論としてマルクス主義思想を選択したのだが、彼自身の回想によれば、それは、カール・マルクスが永続的に、常変わることなく、存在しているからにほかならない。この出発点を見れば、チェが自らの知的かつ革命的な展開の頂点にあって——社会主義、社会主義へと向かう困難な過渡期、人類自身の変革をもたらすうえで重要な過渡期などの根本的なテーマをめぐって——あるときは論争のための、あるときは定義づけのための、またあるときは「ごく単純な」疑問に対する回答を見つけるための羅針盤として、改めてマルクスに戻っていく、その理由が理解できる。チェは、最初はごく一般的な形で人間主義的な哲学を学び始め、最終的にはその本質をマルクス主義に見いだすに至るのだが、それこそ、彼の探究の賜物であった。

チェが『マルクス＝エンゲルス素描』と称したこの未刊の書物は、彼自身がどうしても必要であると考えていた「経済学」に関する、来るべき書物(★2)のための、準備的なスケッチとして用意されたものであった。社会主義への過渡期において生み出されていた理論的な歪みや、それが実践にうつされたときの間違った解釈によって生じた恐るべき結果などの分析を、いかにして、どこから始めるべきか——について、注意を喚起し、関心を呼びかけるものとなったのである。理論と実践を統合するということは、所与の事態の主観的かつ客観的な要素を、具体的な経験に即して理解しようと努めながら、革命的な実践の可能性を示すことであり、それに加えて、組織化の必要性と実践を理論に反映させるということでもある。

歴史のみならず、「経済学」から生成するものを根本的な形で、かつ内在する諸矛盾を含めて包括して論じるような書物を書くには途方もない努力が必要であることを知っていたチェは、次のように述べている。「マルクスは『資本論』の冒頭の諸頁において、自己批判の能力を欠いたブルジョア科学に言及した。立場は違うが、今日では遺憾なことには、この弁明を、マルクス主義経済科学に適用することが可能なのである」(★3)。

したがって、ゲバラがこの論争に関わるにあたって、マルクスおよびエンゲルスの、両者の観点から行なったということに、いささかの不思議もない。エンゲルスは、社会主義理論の共同創設者であったばかりでなく、マルクスの死後もその思想を持続した「最初のマルクス主義者」だったのである。その著作の偉大さから生まれている革命思想、社会の現実に演繹的に適用される理想のモデルとしてではなく、不断に発展・挑戦・適応を遂げていく思想としてのマルクス主義の広がりは、すでに明らかにされている不十分さを理解し、社会的現実を理解し、その変革のためにたたかい、経験に対して開かれた思想を構築していくうえでの道だったのである。

この計画にチェは、コンゴにおける国際主義的任務を終えた後で、タンザニアおよびプラハに滞在していた一九六五年から六六年にかけて取りかかったのだが(★4)、彼はまたもう一つの重要な課題にも取り組んでいて、それは「哲学」であった。これらふたつの課題は、その発展および歴史的展開から見る内容において、同じ構造をもつものであった。

この「無謀な企てのしるし」――と、彼は言うのだが――は、中絶させられた。彼が青春期に育んだ、ラテンアメリカのもろもろの現実を知り尽くし、調べてみようという決意を固めたときのもっとも純粋な願望は、この現実を変革するために能動的に行動するという点にあった。それは、もはや「待ったなし」の局面にあった(★5)。このような極限的な決定の瞬間においても、彼は知的訓練の必要性を痛感しているのだった。それは、たとえば、両親に宛てたわかれの手紙のなかでの、次の表現に表われている――私のマルクス主義は「根を下ろし、純粋なものになりました」(★6)。

このことを彼は明確には述べていないけれども、マルクスの人生と彼自身の決意との間に、何らかの意味での共通の動機か相関関係を見ていたのかもしれない。それは後回しにすることなく決定に至らざるを得ない性格のものだったので、極度に困難な事情のなかで表明するに至らなかったのだが、たとえば、彼は本書で次のように書いている。

われわれが忘れてはならないことは、マルクスは常に、その人間性において至高の存在であったということである。この上ないやさしさで妻と子どもたちを愛した。だが、彼の生涯をかけた仕事を優先しなければならないとも感じていた。痛ましいことには、この模範的な父親にして夫であった人物にあっては、ふたつの愛——家族に対する、そしてプロレタリアートに貢献するという——は、互いに排他的なものだったのである。彼はそれらを両立させようと努力した。しかし、彼の私的な手紙の中では常に、どこか不安の木霊が息づいている。家族を苦しめている、逼迫した、時に惨めなまでの生活の現実を前に、理性を押し殺している。

これを読むと、チェは、一九六〇年代の世界を震撼させていた論争、すなわち、いわゆる社会主義体制の内部だけではなく世界じゅうの左翼的知識人をも巻き込んで行なわれていた、マルクス主義自身が抱える諸矛盾と潜在的可能性をめぐる論争を無視することを望まず、また無視することなどできないと考えていたことがわかる。

重要なことは、マルクスの思想には、初期マルクスと分かつ「認識論的切断」があるとするフランスの哲学者、ルイ・アルチュセールが行なった次のような議論、すなわち、「この時まで(一八四五年)、マルクスは政治的には共産主義者であり、ロマンティックな哲学者であった。これ以降、彼の政治思想は科学的唯物論との結合を遂げて、マルクスの成熟が始まった」とするような捉え方に対して、批判的な評註を記していることである(★7)。

このような立場とは対照的に、ゲバラ的な弁証法で言えば、マルクス主義哲学には、変革の真の主役である人間が行なう変換の過程を理解するうえでの不可欠な概念が含まれている。主体と物質的世界の間の、この相互関係は、マルクス主義にとって根本的なことであり、そこではそれぞれの個人が果たすべき役割を理解している点こそが、なによりもまず、マルクス主義を他の思想潮流と分かつところのものなのである。

こうして、チェはマルクスの進化の過程を追うのだが、政治的な迫害と亡命が始まる一八四九年の意義をとりわけ強調する。チェの考えによれば、このときこそマルクスが研鑽に研鑽を重ねたときであり、それによって後年、自らの限界を突破して、数多くの革命的理論の著作を生み出すに至ったのである。

マルクスの著作の理論的な価値を論じる際に、チェは独自の観点を披瀝した。彼は、キューバ革命の過程における具体的な経験から出発しているのだが、一般化することも、無謬の真理を僭称することも、明確に退けられている。彼が絶えず心がけたことは、マルクス主義をその全体像において捉えること、とりわけ第三世界革命の観点から捉えること、であった。

彼が組み立てた主要なテーゼにおいては、キューバにおいて進展していた根源的な変革状況と、それが最終的な解放を達成した暁に低開発諸国において実践に移されるであろう未来像から導き出された、深い認識の蓄積が見られる。チェは、理論の十分な把握力と実践的な経験を身をつけていたから、独自の観点からマルクスへのアプローチを行ない、一点の曖昧さもなくマルクスの偉大さを理解し、マルクスのように考えつつも、その考えを機械的に反復することは避けることができた。マルクスの厳しさに触れて、チェは次のように言っている。「マルクスは際立って切実な精神の持ち主であったから、夢に耽けることもなければ、非の打ちどころのない議論に根ざしていないテーマをあれこれ論じたりもしなかった」。

チェはこの模範的な人物から養分を摂取した。しかも、この「テーゼ」を超える地点にまで行き着いた。ボリビアの――チェは一九五〇年代に旅行者の目でこのくにと出会っていたのだが(★8)、いまや長い闘争の一部をなす土地となっていた――、敵対的で消耗を強いられる雰囲気の中で行軍を続けながら、彼は自分をマルクス主義の根源に立ち戻してくれるいくつもの著作を読み、研鑽と研究に励んでいたのだ(★9)。彼にしてみれば、こうして諸原則に立ち戻ることこそが、マルクスの著作――仮にそこに未完成の部分があったとしても――が孕む記念碑的な本質を理解するためばかりではなく、革命勢力のたどるべき道筋、待ち受ける危険、潜在力などを心に刻み込むためにも必要なことであったのだ。なぜなら、確固たる方法論と処方箋なくしては、その潜在力を発展させる道を見つけることができないからである。

現在のように、混沌としていて、かつ気持ちを萎えさせるような世界に生きざるを得ない若者にとってみれば、ここに差し出されようとしているような書物に出会うことは、Tシャツに描かれている場合が多いこの人物を理解するうえで、大いに寄与するだろう。

チェがマルクスのなかに見ている思いと特質は、伝記作家とその対象との間にある繋がりを明かすものであり、本書でマルクスに捧げられた次のようなことばは、たとえそのような意図はなかったとしても、チェ自身にも当てはまるものと考えることができよう。

マルクスは、共感能力が世界じゅうで苦しむ人びと全体に及んでいるような人間的な人物で、真剣なる闘争と、揺るぎない楽観主義のメッセージを携えていたが、歴史によって歪曲され、石のごとき偶像とされてしまった。

彼のような規範がいっそう光を増すためには、私たちは彼を救抜し、人間らしい大きさを与えなければならない。私たちがここで行なった素描は、彼の著作に関わる水先案内役となるだけであるが、マルクス主義経済学に触れたことのない、その創始者たちの有為転変を知らない人びとにこの小さな著作を捧げる。

カール・マルクス（ロンドンにて、1875年8月24日以前）

フリードリヒ・エンゲルス（マンチェスターにて、1868～69年の冬）

マルクス＝エンゲルス素描

カール・マルクスとフリードリヒ・エンゲルスは、地理的にも時間的にも、近接して生まれた。マルクスは一八一八年五月五日にトリーアで生まれ、エンゲルスは一八二〇年一一月二八日にバルメンで生まれた——いずれの町も、ドイツはライン州に属していた。だが、ふたりの生活環境はひどく異なっていて、若いころふたりが知り合うことはなかった。

カール・マルクスはキリスト教に改宗したユダヤ人弁護士の息子であった。家族はヘブライの宗教的伝統にどっぷりとつかっていた。貧しいとはいえないが、人種的偏見の痛みは感じていたにちがいない。ボンで法学を学んだ。ベルリンでも法学の勉強を続けたが、そこでは哲学への関心も生まれた。一八四一年、彼は『デモクリトスとエピクロスの自然哲学の差異』と題する論文を提出して、イェナ大学で哲学の学位を受けた。

フリードリヒ・エンゲルスは、大学を出ていない。父親の仕事を継いだからである。でも軍務を終えると、ベルリンで哲学の講義を受けた。彼の全生涯は、経済的にいかに節約するか、という工夫に満ち溢れている。盟友マルクスは、常に貧窮の極みにありながら、科学的な研究と労働者階級の組織化の課題に全力を注いでいたから、その彼を助け、支えることがエンゲルスの主要な関心だったのである。

マルクスの父親はリベラルな人だったので、息子の関心のありかについての理解はあった。ひるがえって、エンゲルスの家族は、とりわけ父親は、フリードリヒのふるまいにはいつも頭を悩ませていた。彼は幼いころから、どんなドグマにも反抗する性格をあらわにしていたからである。

マルクスとエンゲルスのふたりともがまず手にした武器は、文学畑のもので、詩を書いたりした（他愛のないものだ、と批評家は言う）。青年期特有の、戯れの期間はじきに終った。やがて、ふたりの心を掴んだのは、ヘーゲル哲学である。若きヘーゲリアンたちの討論に参加した。ふたりが圧倒されたのは、フォイエルバッハであった。ふたりはほぼ同時に、フォイエルバッハの考えを発展させ、それを弁証法的唯物論に仕上げていく作業に取りかかることになる。その協働性のあり方は、ふたりの人間としての偉大さからみても、ふたりの間の限りない友情からみても、史上類をみないようなものであった。

ふたりが知り合う以前の生涯については、言うべきことはほとんど、ない。ただひとり、マルクスの生涯で大きな役割を果たすことになる「イェニー・フォン・ヴェストファーレン」には触れておかなければならない。この女性は、小なりとはいえプロイセンの男爵の家系の出身で、マルクスの生涯にあってもうひとつの支柱をなした人物であった。知的な意味合いにおいて、彼女が夫にただ付き従っただけの人物だったとか、彼の原稿を書き写しただけの人だとは言えない。語の真の意味において、良妻であったというのでもない。彼女の偉大さは、夫の天才性を認めたこと、著作を通してそれを表現することの必要性を認めたことにあった。それは、彼女が属していた階級の女性であるなら誰もがもつ夢を、ふたりに共通の課題のために犠牲にすることを意味していたのである。彼女は、その社会的地位からすれば当然のごとく、溺愛とかレジャーとか経済的な余裕とか静謐さとかに慣れ親しんでいた人物であったが、妥協を知らない革命家であるマルクスと変わることなく結びつく道を選んだとき、それらのすべてを失ったのである。彼らの子どもたちの幾人かが死んだのは、直接的にか間接的にか、長年にわたる極貧生活のゆえに、であった。模範的な夫婦であったと言えようが、彼らの末娘（エリーナ）は、悪性腫瘍で死に瀕している妻イェニーに別れを告げる、老いてこれまた病気を病むマルクスの様子を次のように描いて、その絆の強さを語っている。

母は正面の大きな部屋で横になっていて、モール〔マルクス〕は隣の小さな部屋にいたのです。いつも一緒にいて成長し、互いの生活があんなにも織り合わさっていたこのふたりも、もはや同じ部屋にいることはできなかったのです……。でも、モールは、いま一度病気に打ち克ちました。私はけっしてあの朝のことを忘れることはできないでしょう。父は、元気が回復したと思ったようで、起き上がって母の部屋に入っていったのです。まるで、若いふたりに戻ったかのように……母は可愛い娘のように、父は燃えるような若者で、生涯を全うする人生のスタートを切るかのように。ふたりはそのとき、永遠の別れの時を待つだけの、病気に打ちひしがれた老人でもなければ、死の床にある老婆でもなかったのです。（フランツ・メーリング『マルクス伝』より。日本語版第三巻、二一三～一四頁、大月書店、一九七四年）

彼らの娘のうち三人――ジェニー、ラウラ、エリーナ――は、成人するまで生きた。他の幾人かの子どもは幼くして死んだ。両親がもっとも打撃を受けたのは、八歳で死んだエドガーの死であった。両親は、それぞれ私信の中で、何度となく、切ない思いで、彼のことに触れている（★1）。

マルクスの妻は、彼の人生に与えた影響力において、エンゲルスほどの重要性を持ったわけではないにしても、短くはあれ、彼女について触れておくことは大切なことだ。彼女は並外れた女性であったし、成人して以降の、生涯を通じての同志であった。彼女が亡くなって以降、マルクスはわずか一年少ししか生き長らえることはなかった。

政治文書の書き手としてのマルクスは、検閲に関する記事を書いて、スタートをきった。その記事は、まさに検閲制度そのものによって発表を差し止められた。この記事は、若いころからの友人、アーノルト・ルーゲが主宰する雑誌『ドイツ年誌』のために書かれた。ふたりはまもなく、永久に訣別することになるのだが。マルクスの重要な仕事は『ライン新聞』で始まった。やがて、マルクス自身が、同紙の編集者にもなる。若きエンゲルスもまた、このふたつの媒体に、フリードリヒ・オスヴァルトの筆名で寄稿することで、弁証法の武器を磨き始めるのである。

『ライン新聞』は、反動的な勢力を大いに苛立たせた。そのため、プロイセン政府はこれを弾圧することにし、第一歩として検閲を行なった。株主たちが、刊行を続けるために体制批判的な言動を緩めようとしていることを知って、マルクスは編集部を去った。

マルクスとエンゲルスが知り合ったのは、一八四二年一〇月ころのことであった（★2）。マルクスは、若きヘーゲリアンたちとすでに袂をわかっていたが、エンゲルスはそうではなかった。したがって、この最初の出会いは、どちらかといえば冷ややかなものであって、年を経るとともにふたりがあんなにまで一体化する未来を暗示するものなど、ひとつもなかった。

ドイツで『ドイツ年誌』を発行することは不可能であることをさとったルーゲとマルクスは、フランスで『独仏年誌』を発行することにした（★3）。一号雑誌で終わることになる同誌に、マルクスは『ヘーゲル法哲学批判　序説』を発表した。ここで、彼は、以前からの確信に訣別したわけではないが、社会分析に際して歴史を基軸に据える方向へ向かい始めたのであった。同じ雑誌に、エンゲルスは『国民経済学批判大綱』を発表した。マルクス主義の創始者のひとりが経済の問題に取り組んだ、最初の、重要な試みである。

マルクスは、パリ滞在中に歴史の研究に打ち込んだ。ティエリやギゾーのようなブルジョア作家の書いたものを読み込んだのだが、そこから彼は、鍵となる基本的な概念を取り出した。すなわち、階級闘争、これである。後年、一八五四年にエンゲルスに宛てた書簡でマルクスは書いている。

僕にたいへん興味ぶかく思われた本はティエリの『第三身分の形成と進歩の歴史』、一八五三年、だ。特に興味ぶかいのはフランスの歴史叙述における「階級闘争」の父なる彼が、その序文で、現在ブルジョアジーとプロレタリアートとのあいだに敵対関係をみて、その対立そのものの痕跡をすでに一七八九年までの第三身分の歴史のなかに見出そうとしている「新人たち」に腹を立てていることだ。(『マルクス＝エンゲルス全集』第二八巻、三〇八頁、大月書店、岡崎次郎訳、一九七一年)

先行者たちがもつ知的にして歴史的な美点を認めつつも、マルクスはブルジョア的思想家たちのイデオロギーに潜む致命的な欠陥を指摘したのだ。

彼はフランスに一年ちょっとのあいだ滞在したが、追放された。彼は――娘の誕生によって人数が増えた――家族と共にブリュッセルへ向かった(★4)。

このころまでに、エンゲルスは最初の経済学論文を発表していた。マルクスもこの研究には手をつけていたが、彼の根本にはヘーゲルとフォイエルバッハの影響があるから、それに規定された哲学的な観点からのアプローチを試みていた。これらの研究ノートは驚くほど深い示唆に満ちているが、ふたりの死後も長いこと公刊されることはなかった。それは、一八四四年の『経済学・哲学草稿』（『経哲草稿』）と呼ばれるものである。

ふたりが共同執筆した最初の仕事は、ほぼ全体をマルクスが書いたものであるが、『聖家族』であった。これは、（若きヘーゲリアンたちに対する）哲学的批判、文学批評、史的唯物論のひらめきなどが一体化したものである。同書の大部分は、長いこと忘却の彼方にあったウジェーヌ・シューの、冗漫で貧弱な小説『パリの秘密』に対して若いヘーゲリアンたちが行なった批判についての批評に当てられている。後年それを再読したマルクスは、一八六七年、エンゲルスに宛てて書いている。

　僕が愉快な驚きを感じたのは、フォイエルバッハ崇拝がいまでは非常にこっけいな感じを与えているにもかかわらず、われわれはこの著作を恥ずるにはおよばない、ということを発見したことだった。（『マルクス＝エンゲルス全集』第三一巻、二四二頁、大月書店、渡辺寛訳、一九七三年）

『イギリスにおける労働者階級の状態』は、エンゲルスが二五歳になる以前に書いたもので、その天才性の輝かしい証しであり、その創造的な潜在力を発揮する道筋をすでに歩んでいたことを示している。一八六三年、エンゲルス宛ての書簡のなかで、マルクスは書いている。

君の本を読み返してみて、僕はしみじみと老年を感じさせられた。今なおこの本のなかでは、なんと新鮮に、熱情的に、大胆に先取りして、学者的で学問的な狐疑逡巡なしに、事物が把えられていることだろう！　そして、あすかあさってにはその成果が歴史的にも一躍現われ出るだろう、という幻想さえもが、全体に暖かさや陽気なユーモアを与えているのだ――それに比べれば後年の「灰色一色」は恐ろしく不愉快な対照を成している。(『マルクス＝エンゲルス全集』第三〇巻、二七五頁、大月書店、岡崎次郎訳、一九七二年)

フランツ・メーリングが述べたことがある。エンゲルスはマルクスよりも早く事態の本質を掴んだ。しかも、率直で、滑らかで、流れるような言葉で表現する才能に恵まれていた点でも、マルクスより優れていた、と。しかし、彼の著作が与える印象は、こうである。彼は物事を深く突き詰めることが好きではなかった。「ジャーナリスティックな」アプローチを好み、物事を表面的に、とは言わないまでも、マルクスほどの深さで究めようとはしなかった。彼の主要な仕事は、『反デューリング論』（デューリングは、このタイトルのお陰で、忘却を免れている哲学者だ）や『家族、私有財産および国家の起源』——一連の脚注がいささか目につく著作だ——のような、思想的論争の書である。とはいえ、それらがマルクス主義思想の歴史の中で果たした役割は大きい。

エンゲルス自身がこのことを自覚している。疑うべくもない真剣さでか、皮肉な自己卑下によってかは知らぬが、一八五一年，マルクスに宛てて書いている。

いずれにせよ、地代についての君の新説は完全に正しい。リカードの場合に人口の増加につれてしだいに土地の不毛度が高まって行くということは、僕にはどうもわからなかった。また、彼の言うような、穀物価格がだんだん高くなって行くということも、僕にはその証拠が見いだせなかったのだが、ご存じのように理論的なことでは怠惰な僕のこととて、僕のより良き自我の内心の不満だけで諦めていて、問題の根本に立ち入ろうとしたことはなかったのだ。（『マルクス＝エンゲルス全集』第二七巻、一五一頁、大月書店、岡崎次郎訳、一九七一年）

マルクスは少し遅れて、そこへたどり着いた。しかし、彼はその骨太な人間性の限りを尽して、疲れることを知らず、道を歩むことに全力を挙げた。木々の間を、上から下へ、下から上へと、樹幹を見失うことなく、また決して絶望することなく、進み続けたのだ。それが、やがて、『資本論』へと結実するのである。彼の全生涯も仕事も、この傑作に行きつくための準備であったのだ。

ブリュッセルで、ふたりの協働者は新しい原稿を執筆した。『ドイツ・イデオロギー』である。これまた、書き手の死後ようやく陽の目を見ることになる著作であった。ここでは、かの『聖家族』における騒然たることば遣いが繰り返される。今日の慎み深い読者には理解が難しいであろう、博覧強記の知識をもとにした皮肉と激しい叱責が、一群の者たちに対して浴びせかけられるのだが、それらの者たちは、結局、歴史のなかに居場所を持たない小人たちであったことが分かるのである。本書が明らかにしたことは、社会とは、それぞれの時代に固有な性格を兼ね備えつつも、絶えず激しい変化を遂げていくものの総合であること、マルクスとエンゲルスは、社会が抱える諸問題に具体的な関心をもつなかで、この時代の共産主義者たちやピエール・ジョゼフ・プルードンの立場へと近づいたこと——であった。もっとも、ふたりはプルードンに対しては、やがて厳しい批判を始めるのだが。純粋に思想的な地平から政治的な闘争者の上に立つようなふるまいを行なおうとする哲学一派の連中、すなわち「近代の真正社会主義者」に対する彼らの批判は、的確かつ辛辣なものであった(☆)。

【☆　ゲバラによる脚注】マルクスは、『ドイツ・イデオロギー』の重要性は、「われわれの以前の政治的自覚と合致している」ことを意味するからだ、と考えていた。その刊行に困難な問題が生じたとき、彼らは「われわれは主要な目標である、自己のために問題を解明するということをすでに達成していたので、それだけに快く、原稿を鼠どもが齧って批判するがままにさせた」（マルクス『経済学批判　序説』）。

一方、ルイ・アルチュセールは、それが、初期マルクスの著作から明白に分つ「認識論的な切断」を示すものだ、と考えた。一八四五年当時までは、マルクスは政治的共産主義者であり、ロマンティックな哲学者であったが、これ以降、彼の政治思想は、科学的唯物論との結合を遂げて、マルクスの成熟が始まった、とするのである。

プルードンとマルクスのように、性格的にも正反対で、社会についても大きな違いをもつ人間同士の調和が長続きするはずもなかった。前者は『貧困の哲学』を書き、後者は『哲学の貧困』をもって応答した。この論争的な著作によって、ふたりは全生涯を通じての好敵手となったが、これは史的唯物論の完壁なる概略を初めて提起したものとして、重要な意味をもった。彼の仕事を完成させる道は、なお遠かったが、基本的な諸点はここで確立された。かくして、一八四七年は過ぎていった。一八四六年一二月二八日付けでパヴェル・ヴァシレヴィチ・アンネンコフに宛てた手紙で、マルクスはプルードンに対する批判を、以下のようにまとめた。

率直に言って、この本は全体として出来が悪い、ひどく悪いと思います。あなた自身もお手紙のなかで、プルードン氏がこのいかがわしくも曖昧な著作で見せびらかしている「ドイツ哲学の痕跡」らしきものをからかっておられますが、しかし経済学に関する叙述は哲学の毒に侵されていないとされています。私もまた、経済学に関する議論の誤りをプルードン氏の哲学のせいにするつもりはまったくありません。プルードン氏が経済学の誤った批判を私たちに提起しているのは、彼がばかげた哲学理論をもっているからではありません。それは、彼が、現在の社会状態を――プルードン氏が他の多くのものと同様にフーリエから借用していることばでいうと――その連鎖のなかで理解できていないために、愚かな哲学を提起しているのです。（……）

その形態がいかなるものであれ、社会とは何でしょうか？　人間の相互的行為の産物です。人間はあれやこれやの社会形態を自分自身で自由に選ぶことができるでしょうか？　できはしません。もし人間の生産諸力の発展の特定の状態を前提するならば、交易と消費の特定の形態が得られるでしょう。もし生産と交易と消費の特定の発展段階を前提するならば、それに応じた社会秩序が、また家族と身分と階級に応じた組織が、一言で言うならば、それに応じた市民社会が得られるでしょう。所与の市民社会を前提するならば、この市民社会の公的表現でしかない特定の政治的条件が得られるでしょう。プルードン氏には、このことは理解されないでしょう。なぜなら彼は、社会を理解するためには「国家」から出発すれば、すなわち、社会の公的概括体から公的社会へ向かえば、なにかえらいことをしたと考えているのですから。

人間は――そのすべての歴史の基盤をなす――生産諸力を自由に選ぶのではないな

どと付け加える必要はありません。なぜなら、いかなる生産力もすべて獲得された力であり、それ以前の活動の産物だからです。

（……）イギリスにおいては、古いすべての経済諸形態、それに対応した経済的諸関係、古い市民社会の公的表現であった政治的諸条件は破壊されました。したがって、人間が生産し、消費し、交換するさいの経済的諸形態は過渡的かつ歴史的なものです。人間は、新しい生産諸力を獲得するとともに、生産様式を変革し、また生産様式とともに、この特定の生産様式にとって不可欠の諸条件にすぎなかったすべての経済的諸関係を変革します。

（……）プルードン氏は、人間が毛織物、リンネル、絹織物を生産することを実によく理解していました。こんな些細なことを理解したというのは、まったく大きな功績です。ところが彼は、人間はその生産諸力に応じて社会的諸関係をも生産し、そのなかでこそ毛織物やリンネルを生産することを理解しませんでした。ましてや彼は、その物質的生産様式に応じて社会的諸関係をつくりあげる人間が、まさにこの社会的諸関係の観念とカテゴリーをも、すなわち、抽象的・観念的表現をもつくりだすことなどは、なおのこと理解しませんでした。こうして、カテゴリーは、それが表現する諸関係とまったく同様に、永遠ではありません。それは歴史的かつ過渡的な産物です。プルードン氏にとっては、これとは逆に、抽象とカテゴリーが一義的な要因なのです。彼によれば、歴史をつくるのはそれら抽象とカテゴリーであって、人間ではありません。抽象とカテゴリーそれ自体は、人間およびその物質的活動と切り離されており、もちろん、不死、不動、不変なのです。これこそ、純粋理性の本質にすぎません。つまり、抽象それ自体は抽象的であるということを、ことばを換えて言っているにすぎないのです。なんとすばらしい同義反復でしょうか！（『マルクス＝エンゲルス全集』第二七巻、三八八〜九六頁、大月書店、一九七一年）

ブリュッセルでマルクスとエンゲルスはすでに分かちがたい友人となっていたが、他の若い共産主義たちとともに――わけても、ヴィルヘルム・ヴォルフはもっとも突出した人物だった――、ヨーロッパじゅうに散らばっている共産主義者の連合を組織するセンターをつくりだすために全力を挙げていた。一年後の一八四八年、この調整活動の成果として、彼らは決定的な重要性を持つ文書、すなわち『共産主義者宣言』(★5)を刊行した。

この著作は、その概念においては未成熟であり、宣言されている願望においては遠慮がちである。社会主義文献に関する批判的な付録もあるが、〔一八七二年ドイツ語版序文で著者たちが認めているように〕なにも付け加えられていないし、われわれの意見で言えば、宣言としての迫力をすっかり欠いている。しかし、今日でも、たくさんの党や左翼グループが自らの願望を(あるいは、真の願望であるべきものを)、被搾取階級の「より理性的な」層に「理解される」面白みのない哲学の陰に隠しているときに、『共産主義者宣言』は、世界じゅうの革命家たちが署名するに値するものである。生ぬるいと非難されることを怖れることはない。一八四八年という時代を思えば、それはまことに大胆極まりない文書であった。マルクスが、エンゲルスとの共同作業によって『宣言』を書き著わすに至ったのは、結成されたばかりの共産主義者同盟のために、であった。『宣言』が厳しい弾圧にさらされなかったのは、「同盟」がほとんど注目されなかったからであろう。

この間、マルクスとエンゲルスは、経済学に関する彼らの知識を深めるための仕事を続けた。一八四八年にヨーロッパを席巻した革命的熱気の波に支えられて、彼らはドイツの政治状況にも身を捧げ、ケルンで『新ライン新聞』を発刊した。彼らはほぼ一年間にわたって、この機関誌と『共産主義者宣言』の路線を踏襲するドイツ共産党の刊行物を通して、ドイツ民衆の革命的な精神を推進させるために、疲れも知らずに働いた。

これに対して反動派は、いまだ成熟していない労働者階級に打撃を与えるにしたがって確信を獲得し、そのもっとも強力な敵の理論誌である『新ライン新聞』を攻撃しても大丈夫だと思うようになった。一八四九年五月一二日、マルクスと刊行物の協働者たち（☆）に対して、ドイツの地からの追放命令が下された。五月一九日、『新ライン新聞』の最終号が赤刷りで出された。そして、フェルディナント・フライリヒラートの詩文を用いたことで、有名になった。この革命詩人は、マルクスと大いなる親交を暖めたが、やがて彼の熱狂は（亡命者として長いことロンドンに住んでいたせいか）生地への郷愁にとって代わった。そして、あとで触れることになるフォークト事件をめぐって、ふたりの関係はすっかり冷えきってしまった。

【☆　チェ・ゲバラによる脚注】『新ライン新聞』の編集スタッフは、カール・マルクスを編集長として、他に、ハインリヒ・ビョルガンス、エバスト・ドロンケ、フリードリヒ・エンゲルス、ゲオルグ・ヴェールト、フェルディナント・ヴォルフ、ヴィルヘルム・ヴォルフによって構成されていた。

マルクスとエンゲルスが、フェルディナント・ラサールとの間に育んだ友情もこの時期に始まっている。この友情も、ラサールの欠陥によって浮き沈みがあったが、ともかくも、ラサールの突然の死のときまで続いた。しかし、ふたりは、「ラサール主義者たち」に対しては断固たるたたかいを繰り広げなければならなかった。その闘争戦術が、時とともに、修正主義に道を開くものであったからだ。

マルクスは、ラサールの経済学の捉え方は貧困を極めると考えており、哲学的な深みも――前者ほどではないにせよ――同じようなものだと考えていた。一八五八年にエンゲルスに宛てた手紙で、マルクスは、ラサールの新著『暗黒の人ヘラクレイトス』について、次のように述べている。

(……)この男は、彼の第二の大著のなかで、経済学をヘーゲル流に披瀝しようとしているのではないか、とぼくは見ている。君は、しかし、身銭を切って次のことを知るだろう。すなわち、ある科学を、批判によって、それを弁証法的に論述しうるような地点にもってくるか、それとも、論理学の抽象的な出来合いの体系を、そのような体系の単なる兆候に適用するかは、まったく別なことだ、ということを。（『マルクス＝エンゲルス全集』第二九巻、二一七頁、大月書店、一九七二年）

とはいえ、マルクスとエンゲルスというふたりの親友は、ラサールがドイツのプロレタリアートを統一するという偉大なる課題に取り組んで歴史に名前を残したという功績は評価した。ラサールは、一八六四年九月、ひとりの女性をめぐる決闘で命を落としたのだが、それを知ったエンゲルスはマルクスに次のように書き送っている。

（……）あの知らせがぼくをどんなに驚かせたか、想像できるだろうか。ラサールが、人間として、あるいは著述と科学の観点から見てどんな人物であったとしても、政治的にいえばドイツでもっとも重要な人物のひとりだったのだ。彼はわれわれにとっては、今でも頼もしからざる友だし、将来はかなりの確率で敵になったであろうが、それはともあれ、ドイツが多少とも有為な人びとを例外なくだめにしてしまうのを見ることは、痛ましいことだ。どんな歓声が知識人（☆）と進歩派の豚どものあいだであがることだろう。なんにせよ、ラサールは、ドイツで怖れられたただひとりの男だったのだ。(『マルクス＝エンゲルス全集』第三〇巻、三三七頁、大月書店、一九七二年)

マルクスは、命を落とした友人に対する批判を、最初の時点では行なわなかった。しかし、後年になって、ラサールがビスマルクとのあいだで行なった陰謀を知って、厳しく批判することになる。

一八四八年、革命的な高揚に――いくらか遅れをとったとはいえ――ドイツの民衆も呼応して、武器を取って立ち上がった。とくに、バーデン＝プファルツにおいて。エンゲルスは、一兵卒としてそこへ馳せ参じた。彼の名前は、広く社会に知られるようになっていたから、なにも危険を冒すこともなくたたかいから利益だけを手にしようと待ち受けるブルジョアジーを

【☆ スペイン語版／英語版の編集者による脚注】チェ・ゲバラがたびたび参照しているスペイン語版『マルクス＝エンゲルス書簡集』*Correspondencia Marx y Engels*, Editorial Cartago, Buenos Aires, 1957. では、ドイツ語原文どおりに "industrials"(工場主たち)と訳されているが、ゲバラは引き写す際に誤記して "intelectuales" としてしまったのであろう。

チェ・ゲバラが読みふけった『マルクス＝エンゲルス書簡集』
スペイン語版の表紙

震え上がらせた。そのため、エンゲルスは、際立った指導的な役割を果すまでには至らなかった。だが、〔プロイセン軍の士官、オーギュスト・〕ヴィリヒの指揮する義勇部隊で四回の戦闘に加わり、敗北したバーデンの部隊を守ってスイスに向かって退却させる作戦に従事した。彼の軍事的経験は、一八四九年六月一三日から七月一二日まで、一ヵ月のあいだ続いた。後者の日付の日に、彼は、退却する最後の部隊に加わって国境を超えた。軍事科学に対する彼の情熱は、生涯を通じて保たれた。エンゲルスは軍事をテーマとする論文をいくつも書いたが、マルクスは自分の論文においてそれに何度も言及しなければならなかった。

フランスに住んでいたマルクスは、まもなく、ブルターニュの孤立した不健康な一角に幽閉してしまう追放命令を受け取った。彼はロンドンを選んで移り住んだが、それが終の棲家となるのだった(★6)。

マルクスとエンゲルスは、気落ちすることなく、イギリスの首都で『新ライン新聞』を発刊した。マルクスが編集責任を負い、六号まで刊行した。そこで彼は、同時代の政治的諸問題についていつもながらの深さで、しかもいっそう熟練を増した形で分析した。同時に「共産主義者同盟」の活動にも従事したが、それは一八四八年の革命的熱波が後退するなかで生き永らえることはできなかった。マルクスとエンゲルスはまた、エンゲルスのかつての上官、ヴィリヒと対決するためにも頁を割いた。後者は、世界プロレタリアートの来るべき指導者たちとの政治的亀裂を深めていたのであった。

雑誌が終わると、エンゲルスは父親が共同経営者を務める繊維工場の代表としてマンチェスターに移り住んだ。マルクスはロンドンに留まり、大英博物館のそばに住んだ。そこに蓄積された資料のお陰で、彼の科学的仕事は大いにはかどることとなった。

ふたりの友人であったヨーゼフ・ヴァイデマイアーは迫害の標的となったので米国へ移住せざるを得なくなったが、そこで雑誌を創刊した。この雑誌は短命に終わったが、『ルイ・ボナパルトのブリュメール一八日』をその頁に挟み込むことで、重要な役割を果した。ここでなされている政治的分析は、今日の目で見てもきわめて深く、確信を与えてくれるものであるが、当時の状況を思えばあまりにも急進的であって、刊行物としては成功しなかった。同じテーマに取り組んだ先達としてはヴィクトル・ユゴーとプルードンがいたが、ふたりがそれぞれに行なった「小ナポレオン」――ユゴーはナポレオンをこう呼んだ――の分析は、マルクスのそれとは対照的に、大衆に大いに受けた。

それは、マルクスとエンゲルスにとって、ひたすら概括し、研鑽を積む日々であった。マルクスが『フランスにおける階級闘争　1848―50』および『ルイ・ボナパルトのブリュメール一八日』を公刊すると、エンゲルスは『ドイツ農民戦争』と『ドイツにおける革命と反革命』を出版した。マルクスとエンゲルスは、よりよい革命的諸条件が成熟するまで待機すべきだという立場を維持したが、死を決して行動に出るべきだとする、訳も分からず熱くなるヴィリヒと衝突した。マルクスとエンゲルスは、この連中と不毛な抗争を続けていれば自ら設定した科学的課題から遠ざかるばかりだと考えて、とうとう、移民グループとたもとを分った。マルクスの発案で、「共産主義者同盟」は一八五二年一一月解散した。

ロンドンでのこの時期、マルクスの生活は困難を極めた。友エンゲルスは、マルクスを援助したいと思いつつも、それは叶わなかった。彼自身も、アイルランド女性メアリー・バーンズ――彼女は、エンゲルスの生涯の伴侶となった――との家庭生活を成り立たせることに追われていた。

マルクスの唯一の収入源は、『ニューヨーク・デイリー・トリビューン』に執筆する論文だけだった。それも、必ず掲載されるとは限らず（未掲載の時には原稿料の支払いもなかった）、マルクス夫妻は、米国の新聞に掲載される論文から生じる収入だけでは暮らしていけなかった。すでに触れたことだが、夫婦ふたりとも、一銭でも搾り出してはそれを徹底して利用するという、ありふれた日常的なやりくりには、とことん長けていなかった。

そんな時期の一八五五年のある日、すでに触れたことだが、息子のエドガーが死んだ。夫婦にとっては、実存そのものを問われる、苦いおもいが残った。われわれが忘れてはならないことは、マルクスは常に、その人間性において至高の存在であったということである。この上ないやさしさで妻と子どもたちを愛した。だが、彼の生涯をかけた仕事を優先しなければならないとも感じていた。痛ましいことには、この模範的な父親にして夫であった人物にあっては、ふたつの愛――家族に対する、そしてプロレタリアートに貢献するという――は、互いに排他的なものだったのである。彼はそれらを両立させようと努力した。しかし、彼の私的な手紙の中では常に、どこか不安の木霊が息づいている。家族を苦しめている、逼迫した、時に惨めなまでの生活の現実を前に、理性を押し殺している。

一八六二年、クーゲルマンに宛てた手紙でマルクスは書いている。

（……）一八六一年、北米の内戦のせいで、ぼくは、『ニューヨーク・トリビューン』という主要な収入源を失った。この新聞への寄稿は、現在まで差し止められたままだ。そんなわけで、ぼくは、家族が路頭に迷わないようにするために、たくさんの見過ぎ世過ぎの仕事をしなければならなかったし、いまもしている。「実際的な人間」になろうと決意して、来年初めから鉄道会社に勤めようともした。幸いにして、あるいは不幸にして、と言うべきか、ぼくは仕事にありつけなかった。悪筆のせいだ。そんなわけだ。君にもわかるだろう？　理論的な仕事を行なう時間も静けさも、ぼくにはないのだ。
（『マルクス＝エンゲルス全集』第三〇巻、五一八頁、大月書店、一九七二年）

一八六七年には、ジークフリート・マイアーに宛てた手紙でこう書いている。例外的なまでに情動的で、あらゆることに怒りを爆発させている。

君に返事をしなかったわけはなんだ、と思う？　墓の淵をしょっちゅうぐるぐる廻っていたからだ。ぼくが、自分の健康と人生の幸福と家族とすべて犠牲にして、本を完成させるために使えるあらゆる時間をそれに捧げなければならなかったのだ。これ以上の説明は要らないだろうね。ぼくは、いわゆる「実際的な」人間をその智恵ともども嘲笑うよ。雄牛である道を選ぶなら、人類の苦悩に背を向けてもいいさ、もちろん。自分の皮だけを大事にして。しかし、ぼくは自分をほんとうに非実際的な人間だと見なしたことだろう。（『マルクス＝エンゲルス全集』第三一巻、四五〇頁、大月書店、一九七三年）

一八五九年、マルクスは『経済学批判序説』を刊行して、経済学の仕事の一部を終えた。しかし、この著作は、『資本論』のひとつの変形、それに先立つものでしかなかった。それは、彼の傑作というべき『資本論』の第一部をなすことになる商品と貨幣の研究に充てられていた。しかし、この先行する著作におけることば遣いは、はるかに激烈だった。それが、本書が受けた批判があまり成功していないこと、ラサールにしてその内容を読み取ることに失敗した事実の説明となる。のちに完成することになる著作における主題の取り上げ方を見れば、ラサールの失敗もあり得なかっただろう。

当初の著作プランでは、六部に分けて、パンフレット形式で出版されるはずであった。時間とともに、またマルクスの仕事が深まるにつれて、このプランには変更が加えられた。一八五八年、エンゲルス宛ての手紙でマルクスは言っている。

第一部の概略は、次のようなものだ。全体は六部構成だ。Ⅰ、資本、Ⅱ、土地所有、Ⅲ、賃労働、Ⅳ、国家、Ⅴ、国際貿易、Ⅵ、世界市場。
資本：四部構成。A／資本一般（第一部の要だ）。B／競争、あるいは、さまざまな資本の相互作用。C／信用。資本が特定の資本との関係で一般的な要素として現われる。D／株式資本。あらゆる矛盾を抱えつつも（共産主義へと向かう）最も完璧な形態としての。（『マルクス＝エンゲルス全集』第二九巻、二四六頁、大月書店、一九七二年）

マルクスは経済学に関する仕事を終わりにしたいと考えていた。なぜなら、彼自身が述懐しているように、スミスとリカード以降少しも進歩が見られないこの科学に飽きていたのだ。にもかかわらず、いまや、（冊子の刊行が中止されたので、証明されたわけではないのだが）彼がなし得た根本的な発見のひとつが明確に述べられたのだ。それは、労働力の概念を含めた価値の構造である。資本主義的な生産諸関係の複雑な構造とその産物、すなわち剰余価値を説明することができたのだ。

洗練された形ではないが、この考えは、以下のパラグラフで提起されている。

もし商品の交換価値がそれが行なわれた労働時間の量にひとしいのなら、一日の労働の交換価値はその労働が生産するものにひとしいことになる。つまり、労働のために支払われる賃金はその労働の生産物にひとしい。しかし、事実は、まったく正反対なのだ。そこで、問題が浮かび上がる。労働の交換価値が、それがつくりだした物の交換価値より小さいとするなら、労働によってつくりだされた商品の交換価値が労働の価値より大きいのはなぜだろうか。われわれは、資本それ自体の本質を究めることによって、この問題を解決することができるだろう。(★7)

しかし、この部分が日の目を見たのは、八年後、『資本論』の最終版においてであった。この著作が部分的に刊行されてまもなく、一連の策略がはりめぐされたために、マルクスは論争的な小冊子『フォークト君』を書かなければならなかった。そこで彼は、マルクスを誹謗中傷したこの人物がナポレオンのスパイにほかならないことを暴露した。彼は、マルクスとエンゲルスによって批判されたことではじめて、人びとにこれはいったいどんな人間なのだろうと興味を抱かせて、歴史に名を遺した数多くの人間のひとりであった。フォークトは経済学に何かを付け加えたわけでもなければ、マルクスの評価に寄与したわけでもない。

その後の数年間、マルクスはふたつの基本的な課題に取り組んだ。『資本論』の執筆と第一インタナショナルの組織化である。後者は、一八六四年、ロンドンで結成された。マルクスは結成宣言と綱領を執筆した。

第一インタナショナルは、その性格を考えるなら短命であったが、労働者階級の組織化という観点から見れば、大きな重要性をもった。ラサールを引き継いだドイツ人たちの誤謬や、プルードンやバクーニンの支持者たちとのいさかいが絶えることなく、組織は陰謀の坩堝と化した。とはいうものの、この組織が潰えたのは、ヨーロッパの組織労働者からの支援がなかったからである——労働者の一部は、とりわけイギリス労働者階級は、帝国主義が自国以外の他の場所で放埓な搾取に明け暮れることができる場合には自国の被搾取階級に与える利益のおこ

チェ・ゲバラ図書館所蔵の『資本論』スペイン語版表紙

ぼれを享受し始めていた。

一八七一年のパリ・コミューン後の革命的な余波が続く只中で、最初の国際的な労働者組織は瓦解したが、それ以前に、反動派は警戒態勢を整え、迅速にこれを迎え撃つ対抗措置を講じたのだった。(☆)

フランスとドイツの抗争と、その結果としてのパリ・コミューンは、ブルジョアジーの戦争の本質を疑問の余地なく暴露した。勝利したドイツと、敗北したフランスの搾取者たちは、マルクスのことばを使えば「天をもおびやかす」(★8)ようなプロレタリアートの最初の試みを鎮圧するために、躊躇うことなく手を結んだ。

フランス＝プロイセン間の戦争は、一八七〇年七月一九日に始まったが、同月二三日、「インタナショナル」評議会はマルクスが起草した特別呼びかけを発表し、この戦争の本質に関して、ヨーロッパの労働者に警告した。

〔ルイ・ボナパルトが捕虜となり、フランスが敗北した〕セダンの会戦の後でも、マルクスは、〔パリの〕プロレタリアートが権力を掌握する可能性があるとは考えていなかった。しかし、実際にそうなったときには、断固としてそれを支持した。事態は、自然発生的な大衆叛乱の産物であったし、いずれにせよブランキ主義者たちの影響下で起こったことで、「インタナショナル」がこの企てである役割を担ったということではなかった。しかし、当然にもマルクスとエンゲルスの影響によって、敗北した者たちの防衛を行ない、その大義を支持したのだった。事態は、いずれにせよ、現状維持を永続させたいと考えているブルジョアジーの憎悪と、労働者階級が抱く不信とに二分極化したのだった。イギリスの労働者が「インタナショナル」

【☆ チェ・ゲバラによる脚注】パリの革命的な高揚に対してインタナショナルが果した正確な役割に関しては、エンゲルスがフリードリヒ・アードルフ・ゾルゲに宛てた一八七四年九月一二日付けの手紙のなかの、以下の一節が説明し尽くしている。「(……) 実際に一八六四年には、運動の理論的な性格は、大衆のなかではということだが、ヨーロッパのどこをとってもきわめて曖昧模糊としていた。ドイツ共産主義は、いまだ労働者党としては存在しておらず、プルードン主義はそのお得意の芸を披露するには弱体すぎたし、バクーニンの新しい戯言はまだ彼自身の頭のなかにすら湧いておらず、イギリス労働組合の指導者たちですら規約の前文で述べられた綱領に基づいて運動に入ることができると考えていた。最初の大きな勝利が、あらゆる分派のこうした素朴な提携を打ち砕いてしまった。この勝利とは、パリ・コミューンであった。コミューンは、知的には、疑いもなく、インタナショナルの子であった。その限りにおいては、インタナショナルがそれを生み出すためになんらかの手を貸したわけではないけれども、インタナショナルは正当にもその責任を負うことになったのだ。」(『マルクス＝エンゲルス全集』第三三巻、五二五頁、大月書店、一九七三年)

と袂を分かち、まもなくそれは解散した。遺したものは、来るべき社会主義社会の未来に対する揺るぎない信頼だけであった。

マルクスとエンゲルスは、この失敗から教訓を学び取り、マルクスはこの事態を深く分析して『フランスの内乱』を執筆し、「インタナショナル」の支援の下で刊行された。コミューンのもっとも重要な成果のひとつは、民衆の権力を強固なものにするためには、旧来の支配機構を破壊することが必要だという事実に光を当てたことであった。

この点に関する論争は、いまなお続いている。マルクスは、友人ルートヴィヒ・クーゲルマンに宛てた手紙のなかで、イギリスでは旧体制の機構をすべて破壊する必要はないかもしれない、と述べた。一〇月革命を目前にした数日前のレーニンも、平和的手段によって権力を掌握し得る「歴史的に途方もない」可能性に触れていた。これらふたつの文言は、文脈を外されたり、偏って解釈されると、共産党だけではなく社会主義諸国の数多くの指導者が「攻勢的平和主義」の擁護者となる道を準備した。

いずれにせよ、コミューンの失敗と成果に関するマルクスの意見は、妥協がない。それは、一八七一年四月一二日付けのクーゲルマン宛の手紙からも明らかである。

マルクス、エンゲルス、マルクスの娘たち、ラウラ、エリーナ、ジェニー（ロンドンにて、1864年）

ぼくの『ブリュメール一八日』の最後の章を読みなおしてもらえばわかるように、ぼくはそこで、フランス革命の次の試みは、もはやこれまでのように官僚・軍事機構を一方の手から他方の手に移すことではなくて、これを打ち砕くことだとはっきり言っておきましたし、これが大陸におけるすべての真の人民革命の前提条件なのです。これはじつにパリの英雄的なわが党の同志たちが試みたところでもあるのです。なんという柔軟さ、なんという歴史的な創意性、なんという犠牲的精神を、これらパリの人びとは見せていることか！　外国の敵というよりは、それ以上に国内の裏切りのために六ヵ月にわたって飢えに苦しめられ、痛めつけられたその後で、プロイセン軍の銃剣のもとに彼らは立ちあがっている、フランスとドイツとのあいだに戦争などなかったとでもいうように、敵軍がパリ城外に陣を構えているなどということも忘れたように！　歴史上これほどの偉大さの類例はない！　彼らが負けるとすれば、それはただただ彼らの「人の好さ」のせいなのです。まずヴィノワが、次にパリの国民軍の反動的な部分が自ら退却してしまったあとで、ヴェルサイユへ向けて進撃することだったのです。そのいまこそという瞬間は、良心のとがめのためにむざむざ見送られました。内戦を開始しようとしなかったのです、意地悪こびとのティエールがパリを武装解除しようとしたのが、すでに内戦の開始ではなかったでしょうか！　第二の失敗。中央委員会はその権力をあまりにも早く放棄して、コミューンにその座を譲ってしまいました。これまたあまりにも「正直すぎた」良心のとがめからです！　それはどうあれ、パリの現在の蜂起は――なるほど、旧社会の狼ども、豚ども、犬めらのまえに屈しつつあっても――パリの六月蜂起以来、わが党のもっとも栄光ある行為です。（『マルクス＝エンゲルス全集』第三三巻、一七三～七四頁、大月書店、良知力訳、一九七三年）

一八六七年、マルクスの『資本論』の完成した第一巻がついに刊行された。残りの部分は生前にはついに刊行には至らなかった。したがって、経済思想に関する彼の仕事は完成しなかった。たとえば、国際貿易に関する部分はすべて失われたのだが、それは少なくとも、最新の帝国主義の現象を分析するものとなったであろう。

一八六六年一〇月一三日付けのクーゲルマン宛ての手紙のなかで、マルクスは著作プランに

カール・マルクス（1867年4月）

フリードリヒ・エンゲルス（1860年代中頃）

触れているが、われわれには未完成のものとして届くことになる最終形とそれは酷似している。

この著作全体は、次のように分けられています。

第一巻　資本の生産過程
第二巻　資本の流通過程
第三巻　総過程の態様
第四巻　経済理論の歴史への貢献

第一巻ははじめの二部を含みます。第三部が第二巻、第四部が第三巻を占めると思います。(『マルクス＝エンゲルス全集』第三一巻、四四三頁、大月書店、一九七三年)

この本の他の章で『資本論』の要約を試みようと思うので、ここではこれ以上立ち入らないことにする。むしろ、マルクス自身が最も重要な諸点に触れている一八六七年八月二四日付けのエンゲルス宛の手紙を引用しよう。

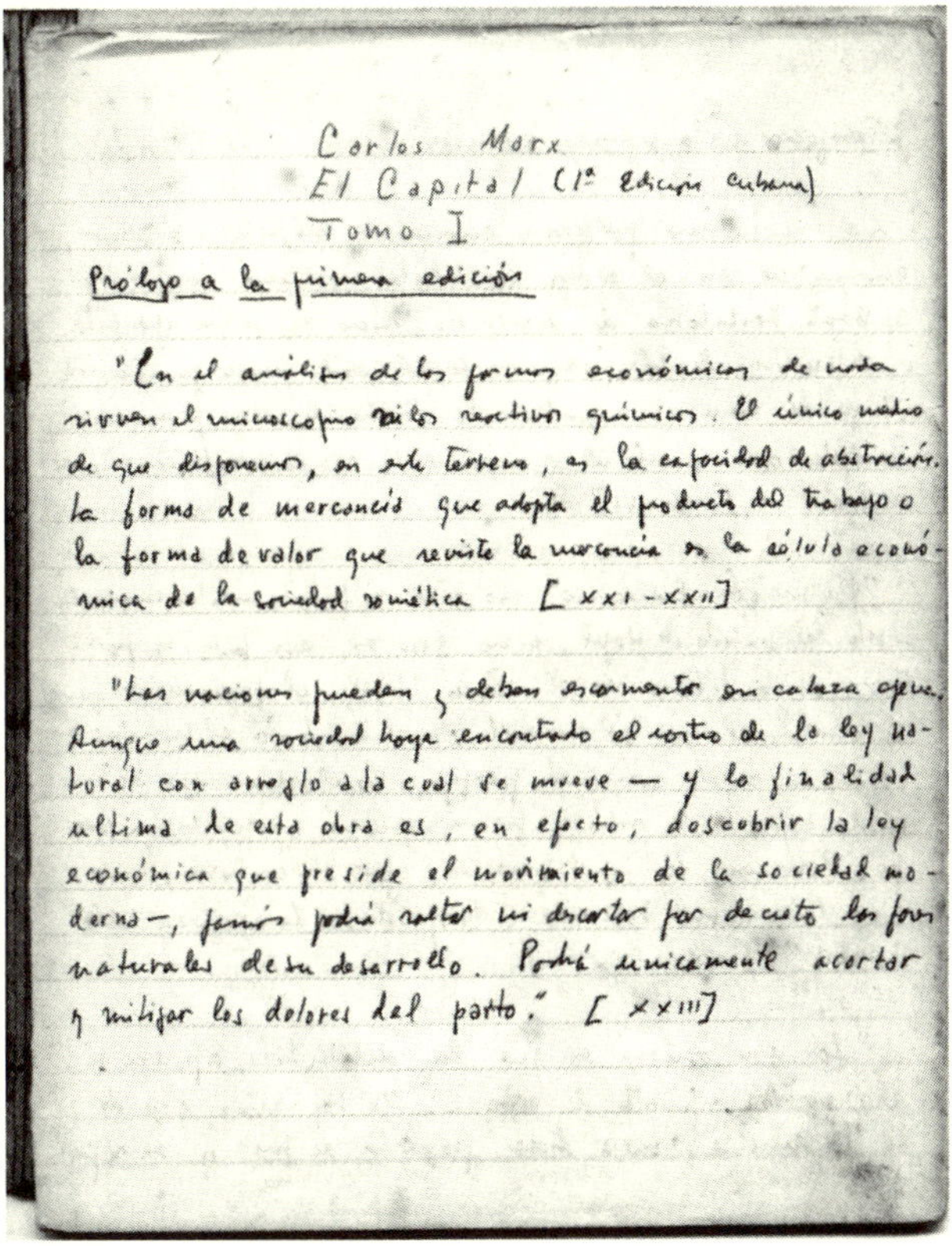

Carlos Marx
El Capital (1a Edición cubana)
Tomo I

Prólogo a la primera edición

"En el análisis de las formas económicas de nada sirven el microscopio ni los reactivos químicos. El único medio de que disponemos, en este terreno, es la capacidad de abstracción. La forma de mercancía que adopta el producto del trabajo o la forma de valor que reviste la mercancía es la célula económica de la sociedad soviética [XXI-XXII]

"Las naciones pueden y deben escarmentar en cabeza ajena. Aunque una sociedad haya encontrado el rastro de la ley natural con arreglo a la cual se mueve — y la finalidad última de esta obra es, en efecto, descubrir la ley económica que preside el movimiento de la sociedad moderna —, jamás podrá saltar ni descartar por decreto las fases naturales de su desarrollo. Podrá únicamente acortar y mitigar los dolores del parto." [XXIII]

『資本論』について、チェ・ゲバラが書き留めた註釈

ぼくの本のなかの最良の点は以下のものだ。（1）（これには事実のいっさいの理解がもとづいている）第一章ですぐに強調されているような、使用価値で表わされるか交換価値で表わされるかに従っての労働の二重性。（2）剰余価値を利潤や利子や地代などというその特殊な諸形態から独立に取り扱っているということ。ことに第二巻ではこれが明らかになるだろう。これらの特殊な諸形態をいつでも一般的な形態と混同している古典派経済学におけるこれらの形態の取り扱いは、ごった煮のようなものだ。（『マルクス＝エンゲルス全集』第三一巻、二七三頁、大月書店、渡辺寛訳、一九七三年）

それは、彼の創造性が頂点にあった最後の時期のことだった。他の二巻と『剰余価値学説史』の大半を彼はこの時期に書いた。

晩年の日々に、彼は重要なもうひとつの著作を遺した。『ゴータ綱領批判』で未来に光を当て、共産主義的未来に関する多少なりとも機能的な、これを限りの予言を行なったのだ。彼は、極度に切迫した関心の持ち主であったから、夢見に耽ったりすることもなければ、非の打ちど

カール・マルクスは、1882年初頭から1年間、医師の勧めで療養のためにフランスやスイスに旅行した。その間に、1830年以来フランスの植民地とされたアルジェリアのアルジェにも滞在した。これはアルジェで撮影されたものだが、生前最後の写真と考えられている。

フリードリヒ・エンゲルス（1893年頃）

ころのない議論に根ざしてもいないテーマなどを展開することもなかった。彼がこのテーマに関して書こうと決心したのは、（ラサールのエピゴーネンたちの影響下に落ちた）ドイツ社会民主党の綱領に対する怒りから、であった。そこで、この綱領を分析するという形が採られたのである。

同志エンゲルスのお陰で経済的な心配からは解放されたものの、マルクスはさらに弱って、晩年の数年間を過ごした。二人のジェニー——母と娘と——が一八八一年一二月と一八八三年初めに死亡したことの打撃は大きかった。働くこともできず、ふたりの死によってエネルギーの秘密の源泉も奪われて、彼に残されたものはなにもなかった。一八八三年三月一四日、彼はこの世を去った。

マルクスは、共感能力が世界じゅうで苦しむ人びと全体に及んでいるような人間的な人物で、真剣なる闘争と、揺るぎない楽観主義のメッセージを携えていたが、歴史によって歪曲され、石のごとき偶像とされてしまった。

彼のような規範がいっそう光を増すためには、私たちは彼を救抜し、人間らしい大きさを与えなければならない。マルクス主義は、メーリングが行なった素晴らしい仕事を受け継ぎ、さ

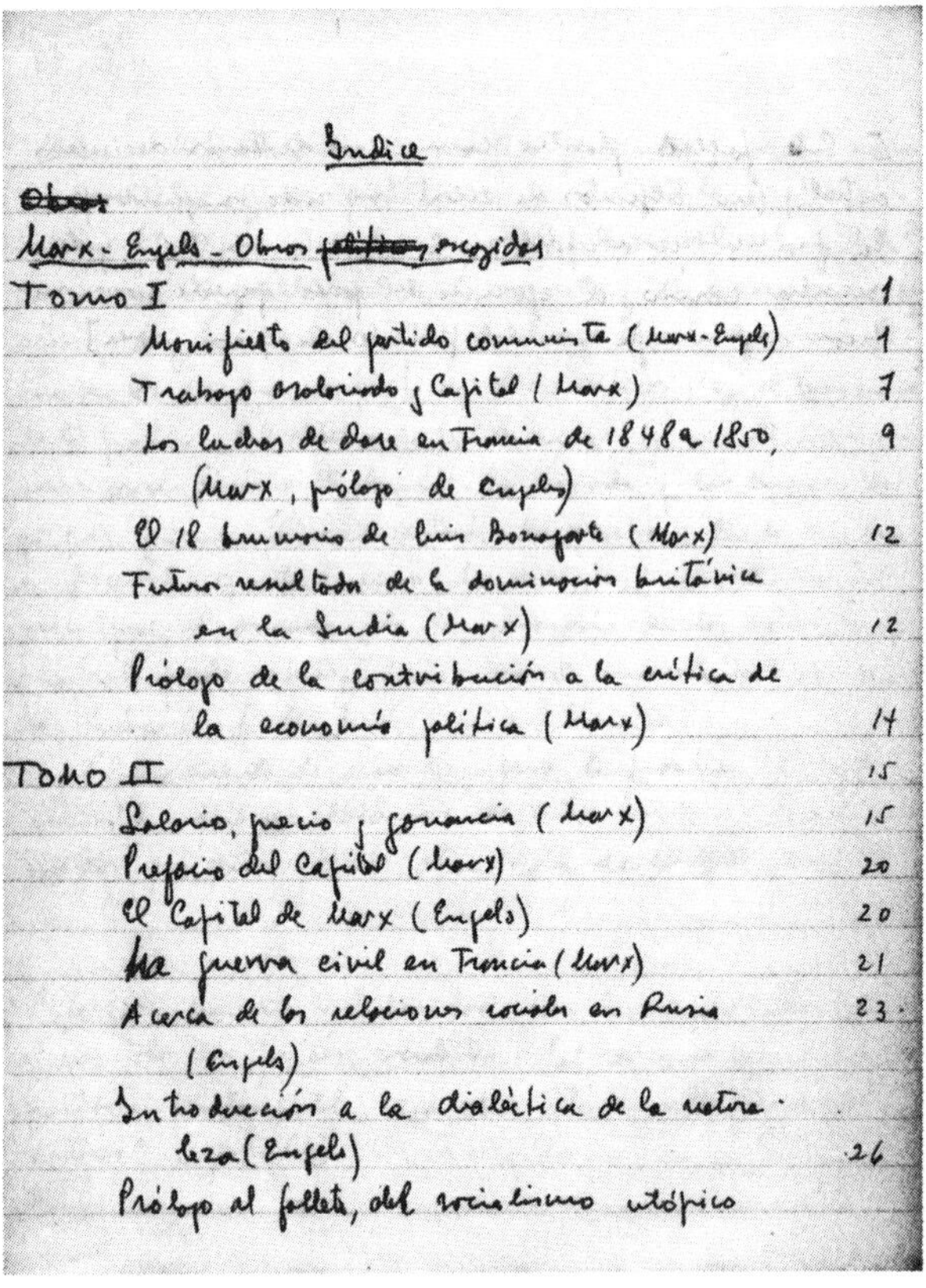
Indice

~~Obras~~

Marx - Engels - Obras escogidas

Tomo I 1

Manifiesto del partido comunista (Marx-Engels) 1

Trabajo asalariado y Capital (Marx) 7

Las luchas de clase en Francia de 1848 a 1850, 9

(Marx, prólogo de Engels)

El 18 brumario de Luis Bonaparte (Marx) 12

Futuros resultados de la dominación británica

en la India (Marx) 12

Prólogo de la contribución a la crítica de

la economía política (Marx) 14

Tomo II 15

Salario, precio y ganancia (Marx) 15

Prefacio del Capital (Marx) 20

El Capital de Marx (Engels) 20

La guerra civil en Francia (Marx) 21

Acerca de las relaciones sociales en Rusia 23

(Engels)

Introducción a la dialéctica de la natura-

leza (Engels) 26

Prólogo al folleto, del socialismo utópico

チェ・ゲバラが書き留めたマルクス＝エンゲルスの著作リスト

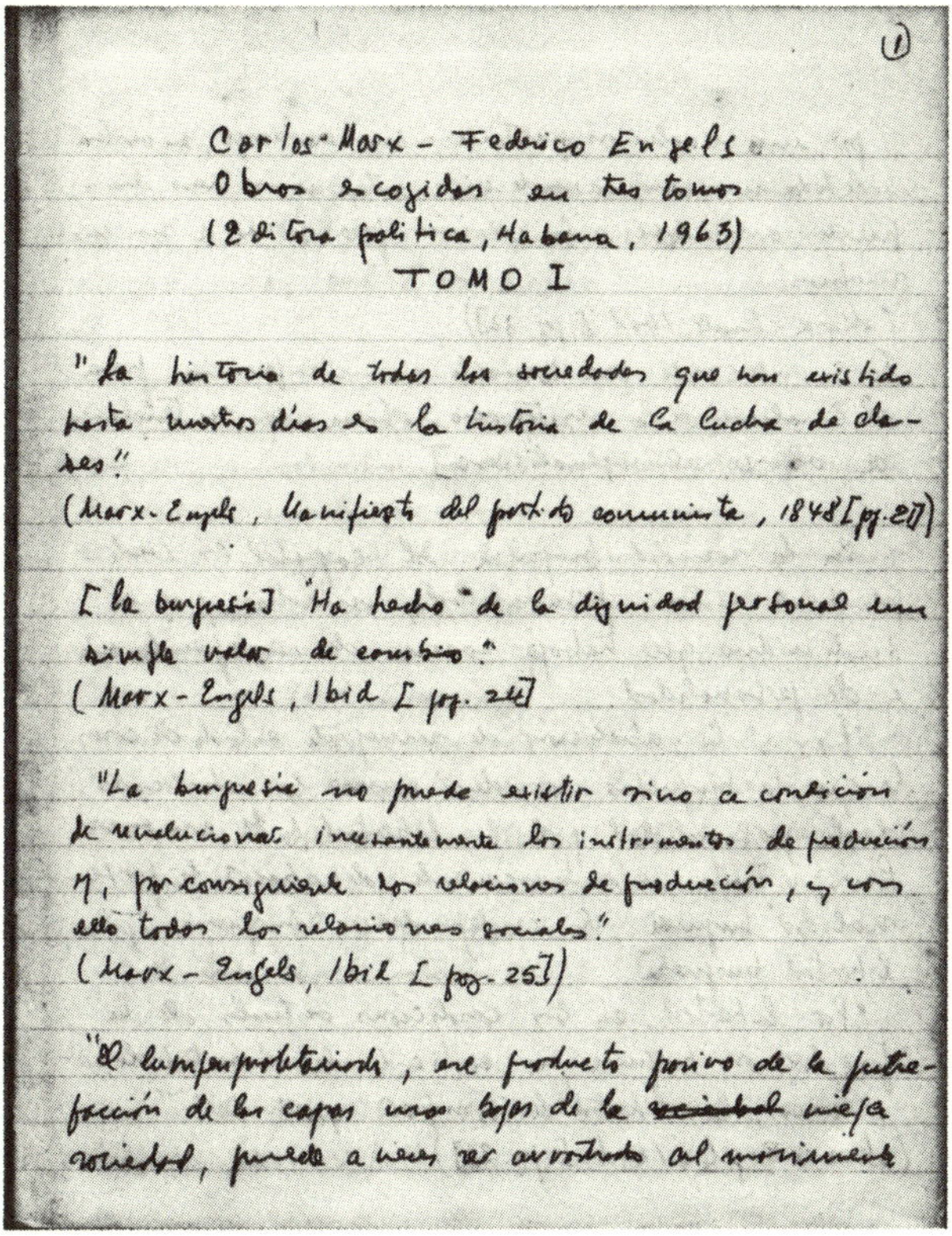

(1)

Carlos Marx - Federico Engels
Obras escogidas en tres tomos
(Editora política, Habana, 1963)
TOMO I

"La historia de todas las sociedades que han existido hasta nuestros días es la historia de la lucha de clases"
(Marx-Engels, Manifiesto del partido comunista, 1848 [pg. 21])

[la burguesía] "Ha hecho" de la dignidad personal un simple valor de cambio."
(Marx-Engels, Ibid [pg. 24])

"La burguesía no puede existir sino a condición de revolucionar incesantemente los instrumentos de producción y, por consiguiente, las relaciones de producción, y con ello todas las relaciones sociales."
(Marx-Engels, Ibid [pg. 25])

"El lumpenproletariado, ese producto pasivo de la putrefacción de las capas más bajas de la ~~sociedad~~ vieja sociedad, puede a veces ser arrastrado al movimiento

『マルクス＝エンゲルス選集』について書き留めたチェ・ゲバラのメモ

らに広い展望を与え、免れることのなかったいくつかの解釈上の誤まりを訂正して、伝記を完成されたものにする課題が待ち受けている。私たちがここで行なった素描は、マルクス主義経済学に触れたことのない、またその創始者たちの有為転変を知らない人びとにとって、彼の著作に関わる水先案内役となるだけであるが、これらの人びとにこの小さな著作を捧げる。いずれにせよ、彼の生涯を概括するメッセージは、必然的に、エンゲルスが墓の前で行なったものであろう。

三月一四日午後二時四五分、現存のもっとも偉大な思想家が考えることをやめた。独りにしておかれたのはわずか二分足らずだったのに、われわれが部屋に戻ると、彼は安楽椅子のなかで静かに――だが、永遠の眠りについていた。

ヨーロッパとアメリカの戦闘的なプロレタリアートが、また歴史科学が、彼の死によって失ったものを測ることばは、ない。この偉大なる精神が失われたことによる空白の大きさを、われわれはほどなく知ることになるだろう。

ダーウィンが生物界における進化の法則を見つけたように、マルクスは人間の歴史の過程を司る法則を発見した。それはきわめて単純な事実なのだが、これが浮上するまではイデオロギー的な混乱の下に隠されていたのだ。というのも、人間は、政治や科学や芸術や宗教などに時間を費やす以前に、まず、食べ、飲み、住み、着るものに気を配る必要があるということ、それゆえ直接的で物質的な生活手段の生産と、一国民または一時代の経済的発展段階こそが基礎をなしており、その人たちのその時代の国家の諸制度、法概念、芸術、さらに宗教的観念さえもがこの基礎から発展を遂げてきたのであって、したがってこれらのものもまた、この基礎から解明されなければならないのであって、マルクス以前にやられてきたように、その逆であってはならない、ということである。

それだけではない。マルクスは、今日の資本主義的生産様式とそれが生み出したブルジョア社会との特殊な運動法則をも発見した。剰余価値の発見とともに、この分野に突然光が射してきた。これまでのすべての研究は、ブルジョア経済学者のそれも、社会主義的批判家のそれも、暗闇のなかを踏み迷っていたのだ。

一生のうちにこのような発見を二つもすれば、十分といえよう。さいわいにもこのような発見を一つでもなしえたものは、それだけで幸せである。だが、マルクスは、彼が研究したどの分野においても——しかもその分野はきわめて多く、彼が表面的にしか触れなかった分野はひとつとしてなかった——、数学の分野においてすら、独自の発見をしているのである。

科学の世界におけるマルクスとは、このような人であった。でもこれは、まだこの人の半分を示すものですらない。マルクスにとって、科学とは歴史を動かす力、革命的な動力であった。なんらかの純理論的な科学の分野で新しい発見がなされると、それが実際に応用される見通しがまだまったくつかない場合であっても、彼は大きな喜びを感じたものだが、それが産業に、また一般に歴史的な発展に、ただちに革命的な影響を与える発見であるときには、彼ははるかに大きな喜びを感じる人間であった。たとえば彼は、電気の分野でのもろもろの発見が進展していくさまを、最近ではマルセル・ドプレの発見を、綿密に追究した。

というのも、マルクスは、なによりも革命家だったからである。資本主義社会とそれによってつくりだされた国家制度を打倒するためになんらかの形で協力すること、近代プロレタリアートの、すなわち彼がはじめて彼ら自身の地位と欲求と自らを解放する諸条件を意識させた近代プロレタリアートの解放に協力すること、――これが、彼の生涯をかけての、真の使命であった。闘争こそが彼の本領であった。そして彼は、たぐいまれな情熱と忍耐強さをもってたたかい、成果を挙げた。一八四二年の最初の『ライン新聞』、一八四四年のパリの『フォールヴェルツ！』紙、一八四七年の『ブリュッセルードイツ語新聞』、一八四八〜四九年の『新ライン新聞』、一八五二〜六一年の『ニューヨーク・トリビューン』――さらにおびただしい闘争パンフレット、パリとブリュッセルとロンドンでの組織活動、そして最後に、全体の仕上げとして、偉大な「国際労働者協会」が結成されるに至った。その創設者こそは、まこと、仮にそれ以外のことはなにもやらなかったとしても、誇ってよい成果であった。

それゆえ、マルクスは当時、もっとも憎まれ、誹謗された人物であった。政府は、専制政府も共和政府も、彼を追放した。ブルジョアは、保守的ブルジョアもウルトラ民主主義的ブルジョアも、競って虚言を弄してでも彼を中傷する言葉を浴びせた。

彼はそれらすべてを蜘蛛の巣のように払いのけ、それをものともせず、万止むを得ない場合にのみそれに応答した。そして彼は、シベリアの鉱山から全ヨーロッパとカリフォルニアまでにわたって暮らす幾百万もの革命的同志から尊敬され、愛された。だから、彼の死を知って、その人たちは涙に暮れたのである。彼には反対者が数多くいた。だが、個人的な敵はほとんどひとりもいなかっただろうと私は誇りをもって断言する。彼の名は幾世紀にもわたって生き続けるだろう。そして彼の事業もまた。(『マルクス=エンゲルス全集』第一九巻、三三一〜三三二頁、大月書店、一九六八年)

マルクスの死後、マルクス主義理論をそのあらゆる局面において擁護したのはエンゲルスであった。生涯を貫いて、彼はその任務を果した。

ドイツの社会民主主義者たちの機関誌に、住居に関するプルードン主義的傾向の一連の論文が掲載されると、エンゲルスは『住宅問題』を執筆し、このテーマにマルクス主義的な解釈を与えた(一八七二〜七三)。

一八七七年には、ドイツで、党の隊列のなかで大きな影響力を持つ社会主義哲学者E・デューリングに反駁する一連の論文を刊行した。その後、それらは有名な『反デューリング論』

と題する一書となった。本書の経済学に関する章はマルクスによって書かれたのだが、世界を総体としてマルクス主義的に捉える、広範で完成された姿をもっており、惜しくも未完に終わった『自然の弁証法』とともに、『資本論』を有効に補完する書となっている。

エンゲルスが後者の本を手がけ始めたのは一八七〇年代だった。しかし、『反デューリング論』を刊行するために長いあいだ中断し、ついに完成することはなかった。それはドイツの社会民主主義にとっての遺産となったが、彼らはそうは考えず、あるいはそれを恐れた（おそらく後者だろう）。そのため、のちにソ連邦でこの著作が救い出され、一九二五年にはじめて印刷・刊行された。

エンゲルスの仕事は途方もないもので、いちばんの気がかりは『資本論』を完成させることだった。同志の死から二年後の一八八五年の、比較的早い時期に、二巻が印刷に回され、その序文では第三巻も近刊予定であることが明言された。しかし、マルクスが遺した大量の草稿を編集し明確化する作業には一〇年の歳月が必要だった。刊行できたのは、エンゲルスの死のわずか数ヵ月前だった。

『剰余価値学説史』を刊行するという課題は、ドイツの社会民主党員で、忠実なマルクス主義者であった時代のカール・カウツキーによってなされた。この著作は、マルクスが前世代と同時代の著述家に対して行なった批判を集成したものである。理論的に新しいものが付け加えられたものでは、まったくない。しかし、従来は曖昧であったいくつかの点に関しては発展が見られた。たとえば、マルクスによっても、その後継者によっても、必要とされる深さで研究されることのなかった危機について。

一八八四年、エンゲルスは、北アメリカの研究家ヘンリー・モルガンの著作『古代社会』に関してマルクスが残した批判的分析に依拠して、同時に自らの研究成果も盛り込んで『家族、私有財産および国家の起源』を刊行した。これは、社会の発展を明かした輝かしい仕事だ。社会的諸範疇の歴史的起源を明かし、それらが所与の状況の下における自らの消滅を前提として、具体的な初原をもつことを示した。モルガンとダーウィンの仕事は、古いものなのだが、弁証法的唯物論の哲学的概念の確かさを証明するものとなっているのだ。

一八八八年、エンゲルスは『ルードヴィヒ・フォイエルバッハとドイツ古典哲学の終焉』を書いた。これまた、カール・ニコラウス・スタルケのフォイエルバッハに関する著作に論争を仕掛けたものである。

それにもまして印象深いのは、エンゲルスが一〇ヵ国語を駆使して行なった文通である。彼は、まこと、多くの言語に通じた人であった。この点において、エンゲルスはさまざまな機会を生かして、マルクス主義に対する本質的な寄与をなし得た。しかも、手紙を見て分かることは、ベルンシュタインに代表される修正主義的思想にしばしば乗っ取られるプロレタリア党や、彼が属していたドイツ社会民主党にあって、正しい概念が確立するよう心を砕く、革命的な一貫性が見られることである。ドイツ社会民主党が、その種の思想の犠牲になったことは、かえすがえすも無念なことである。なぜなら、この党は、もっとも前進を遂げていて、権力を掌握する可能性が高いと見なされていたからである。

エンゲルスは、一八八一年に創設された「第二インタナショナル」には決して熱い思いを託さなかった。時期が熟していない、と考えていたからだ。にもかかわらず、プロレタリアートの支持を背景に、日和見主義的な組織がつくりだされる現実に直面すると、パリ会議の予備セッションに参加した。実際にそこで「第二インタナショナル」は正式に結成された。この会議において採択された決議のなかで歴史的に重要な意義をもつのは、「五月一日」を、シカゴの殉教者たちを記念してプロレタリアートの国際的な記念日（メーデー）とすることを宣言したことであった。

彼の目は常に警戒怠らず、ペン先は、理論の純粋性を守るために論戦をためらうことはなかった。まことに革命的な立場を堅持した。生涯の最終の局面で、彼は『フランスとドイツにおける農民問題』を書いて、フランスの社会主義者たちを厳しく批判した。彼らはその綱領を小農の希望に合わせようとしたからである。

一八九五年八月五日、エンゲルスは七五歳のときに癌で亡くなった。最後の数ヵ月、彼は痛みに苦しんだ。

この科学的社会主義の創始者にして、骨の髄までの唯物論者が、彼がもっとも好んだ海岸のひとつである北海の海に自分の遺灰を捨てるようとの遺言をのこしたことは、ロマンティックな行為として興味深い。

彼の死とともに、ひとつのサイクルが終った。より大きな実践的な成果――プロレタリアートの解放――をもって次の扉が開かれるためには、レーニンの登場を待つほかはなかった。

【訳註】

スペイン語版／英語版「編集者のノート」

★1　エルネスト・ゲバラ・リンチ編『チェ・ゲバラ　AMERICA放浪書簡集　ふるさとへ1953〜56』（現代企画室、棚橋加奈江訳、二〇〇一年）二〇五頁。

★2　後続する文章で説明されているように、この後チェ・ゲバラが選択した人生の方向性のゆえに、この課題は実現しなかった。死後四〇年を経た段階で、「経済学」に関連する未完成の文章とメモ類、既存の書物への評註、会議での発言記録などを編集した以下の書物が発行された。Ernesto Che Guevara, *Apuntes críticos a la Economía Política*, editado por Maria del Carmen Ariet Garcia, Ocean Press, Melbourne, 2006. この書物の内容については、本書「解説」に詳しい。

★3　たとえば、『資本論』「第二版後記」（一八七三年一月二四日）の、次のような箇所を見よ。「イギリスを例にとってみよう。イギリスの古典派経済学は、階級闘争がまだ発展していなかった時期のものである。古典派経済学の最後の偉大な代表者リカードは、ついに意識的に、階級利益の対立、つまり労賃と利潤との対立、利潤と地代との対立を、彼の研究の跳躍点とするのであるが、彼は、この対立を素朴に社会的自然法則と考えることによって、そうするのである。しかし、またそれと同時にブルジョア経済学はその越えることのできない限界に達してしまったのである。」（『マルクス＝エンゲルス全集』第二三巻第一分冊、一五頁、大月書店、岡崎次郎訳、一九六五年）。なお、ゲバラがこう語っているのは、前掲 *Apuntes críticos a la Economía Política.* の三二頁 La necesidad de este libro（「本書の必要性について」）において、である。

★4　チェ・ゲバラを指導者とするキューバ人部隊によるコンゴ解放闘争への支援活動が失敗し、「これほどの孤独感をおぼえたことははじめてだ」との感慨をゲバラ自身が記してコンゴを去ったのは一九六五年一一月二二日だった。その後、ゲバラはタンザニアの首都ダルエスサラームのキューバ大使館の一室に閉じ篭もり、総括文書『革命戦争の道程―コンゴ編』を執筆した後、「経済学」の研究に心血を注いだ。その作業は、一九六六年三月、チェコスロヴァキアの首都プラハへの移動、さらには同年七月、キューバへの秘密裏の帰国まで一貫して続けられた。したがって、その期間は七〜八ヵ月間である。

★5　前項の訳註でいうように、一九六六年七月、秘密裏にキューバへ戻ったゲバラは、同年一一月三日、ウルグアイ人アドルフォ・メナになりすましてキューバを出国し、ボリビアへ向かった。大陸規模の革命のための調整根拠地を、南米の中心部に位置するボリビアにつくりだすために、であった。

★6　エルネスト・チェ・ゲバラが一九六五年、両親に宛てた手紙のなかの文言。「私がより自覚的な人間になったということ以外に、本質的に変わったことは何もありません。私のマルクス主義は根を下ろし、純粋なものになりました」とある。（エルネスト・チェ・ゲバラ『国境を超える革命』二九五頁、レボルト社、世界革命運動情報編集部編訳、一九六八年）

★7　ルイ・アルチュセールは、このような観点からのマルクス理解を、一九六五年刊行の『マルクスのために』の随所で行なっている。市田良彦によれば、『マルクスのために』のテキストは「おそらくキューバの共産主義者を読者に想定して書かれた」（ルイ・アルチュセール『マルクスのために』解説「理論主義と真空の概念――『マルクスのために』の頃のアルチュセール」四九一頁、平凡社ライブラリー、一九九四年）。同書刊行の頃のチェ・ゲバラの動静を見ると、一九六四年一一月四日〜一一月一九日　ソ連訪問。ソ連的社会主義モデルをキューバに採用させようとする圧力の強さを感じ、革命政府に留まるべきではないとの決意を固め、辞意を表明したが、フィデル・カストロに慰留された、とする説がある。ゲバラが責任者を務める国立銀行などの経済関係部署にソ連人スタッフが増え続け、その影響力はますます目立つようになっていた。

一九六四年一二月九日　国連総会出席のためにニューヨークへ赴き、とりわけアフリカ地域へ干渉する帝国主義諸国に対する激しい批判演説を行なう。その後アルジェリアへ向かい、長期間にわたってアフリカ諸国を歴訪し、各国閣僚や解放運動指導者との会談を続けた。その間には、中国も訪問し、周恩来と会談するなど、翌年三月一四日に帰国するまで、一度もキューバへ戻ることはなかった。三ヵ月間もキューバを留守にしたのである。

一九六五年二月二四日　アルジェで開かれたアジア・アフリカ連帯機構の経済会議で演説し、第三世界との貿易関係と援助問題をめぐって、社会主義大国を厳しく非難する。

一九六五年三月一四日　キューバへ帰国。出迎えたフィデル・カストロと共に姿を消し、二人きりで四〇時間以上に及ぶ話し合いを行なう。

一九六五年四月二日　容貌を一変させたチェ・ゲバラ、秘密裏にキューバを出国し、二週間後タンザニアに到着した。

——となっており、旅から旅への生活が続いている。それ以降も、既出の項目で触れたように、コンゴ、タンザニア、チェコ、キューバ、そしてボリビアへと移動が続く。居住定まらぬ条件の下で、チェ・ゲバラはアルチュセールの議論に触れる機会を得たのだろう。

★8　一九五三年七月、ブエノスアイレス大学医学部を終え、医師の資格を得たゲバラは前年にモーターサイクル南米旅行を共にしたアルベルト・グラナードがいるベネズエラの病院で働くために陸路で出国した。七月一一日、ボリビアのラパスに到着し、ほぼ一ヵ月間このくにに滞在した。そのときの様子は、以下に詳しい。『チェ・ゲバラ　AMERICA放浪書簡集　ふるさとへ1953〜56』（現代企画室、棚橋加奈江訳、二〇〇一年）『チェ・ゲバラ　第2回AMERICA放浪日記　ふたたび旅へ』（同上、二〇〇四年）

★9　ボリビアのラ・ラソン紙は二〇〇五年に、ボリビアにおけるチェ・ゲバラの活動の全貌とその反響を明らかにする全五巻の記録集を刊行した。*"el che EN BOLIVIA : documentos y testimonios,"* 5 tomos, Recopilación, introducción y notas: Carlos Soria Galvarro T., La Razón, La Paz, 2005. その第二巻には、チェ・ゲバラ以外のゲリラ隊員五人が残した野戦日記などが収められているが、巻末に、ゲバラが日記ノートの最後の五頁分に書き記していたという一〇六冊の「読書（予定を含む）リスト」が掲載されている。それによると、グレアム・グリーン、ドストエフスキー、ロルカ、ヒクメット、ルーベン・ダリオ、スタンダール、フォークナー、コルタサルなどの文学書（二三冊）、アリストテレス、ディドロ、ニーチェ、ヘーゲル、ハイデッガー、ルカーチなどの哲学書、ボリビアの歴史・社会・民俗・先住民族などに関する書物（二二冊）、チャーチル、ドゴールなど政治家の回顧録、メキシコ革命史に加えて、以下の革命理論書が記されている。トロツキー『永久革命論』、スターリン『民族問題とレーニン主義』、『マルクス主義と民族・植民地問題』、マルクス『ヘーゲル法哲学批判　序説』、エンゲルス『ルートヴィヒ・フォイエルバッハとドイツ古典哲学の終焉』、レーニン『ロシアにおける資本主義の発展』、レーニン『唯物論と経験批判論』、レーニン『哲学ノート』、エンゲルス『自然の弁証法』、トロツキー『ロシア革命史』、モルガン『古代社会』、レジス・ドブレ『革命の中の革命』、毛沢東『実践論』。

『マルクス＝エンゲルス素描』

★1　エドガーは、マルクス一家がロンドンで生活していた一八五五年四月六日に、下腹部耗弱で死んだ。「ムッシュ」という愛称で家族からかわいがられていたエドガーの、避けられない迫り来る死を前に、マルクスは悲痛な手紙をエンゲルスに宛てている。「かわいいムッシュが病気を征服するとは思えなくなった。この見込みがこの家のなかでどんな作用をしているか、察してもらえると思う。妻はまたすっかり弱ってしまった。」（三月一六日）。「ついに病気は、下腹部耗弱という僕の家に遺伝する性質のものになり、医者の側から見ても望みはなくなったらしい。妻は精神的な興奮のために一週間前から以前には一度もなかったほどに弱ってしまった。僕自身も、当然しっかりしていなければならないはずだのに、心臓はたぎり頭は燃えている。子どもは病気のあいだにも一瞬も彼の独創的で無邪気で同時に自立的な性質を失っていない。」（三月三〇日）。「かわいそうなムッシュはもういない。彼は今日五時と六時とのあいだに僕の腕のなかで永眠した（文字どおりの意味で）。このつらかった時期をどんなに君の友情が和らげてくれたことか、僕はけっして忘れないだろう。この子をなくした僕の苦痛はわかってもらえるだろう。」（四月六日）（『マルクス＝エンゲルス全集』第二八巻、三五二～五四頁、大月書店、岡崎次郎訳、一九七一年）。

★2　一年間の兵役義務を終えたエンゲルスは、父親が出資していたエルメン・ウント・エンゲルス紡績工場の事務員としてイギリスのマンチェスターに出張することになった。そのための旅行の途中で、一八四二年一一月後半のある日、エンゲルスはケルンの『ライン新聞』編集部を訪れ、そこではじめてマルクスと出会った。その後イギリスに渡ったエンゲルスは四四年八月までの二一ヵ月間滞在し、のちにイギリス産業と労働者階級の実態をめぐる仕事を行なうための基盤を築いた。

★3　一八四三年六月、イェニー・フォン・ヴェストファーレンと結婚したマルクスは、『独仏年誌』を発行するためにパリに移った。プロイセン政府がフランス政府に圧力をかけて、マルクスらの追放を要求したために、同地への滞在は四五年二月に終わった。

★4　それは、一八四五年二月のことであった。エンゲルスは、マルクスがそこでも官憲に悩まされるであろうことを心配した。マルクスは、四五年三月二四日、在パリの親友、詩人のハインリヒ・ハイネに宛てて手紙を書き送った。「一昨日私は当地の警察署に出頭し、ベルギーでは時事問題についてはなにも印刷させないことを文書で述べなければなりませんでした」（『マルクス＝エンゲルス全集』第二七巻、三七五頁、大月書店、良知力訳、一九七一年）。

★5　この文書は、従来『共産党宣言』のタイトルで訳出されることが多かったが、共産党が「唯一・正統な前衛党」であるとする考え方が、思想的にも実践的にも終わった時代以降に自己形成した私からすれば、一八四八年に発表された文書の背景にある客観的な情勢を掴み損ねた「誤読」であると思えた。確かに、一八四八年二月に刊行されたドイツ語版初版を『共産党宣言』とするのは誤りではない。だが、その後 nation, national などの訳語に疑問を感じた私――民族か国家か国民か、民族的か国家的か全国的か一国的か愛国的か――は、各種日本語訳はもとよりさまざまな言語に翻訳された『宣言』を収集して訳し方を比較・検討してみたが、その過程で、一八七二年に刊行された新しいドイツ語版が *Das Kommunistische Manifest* と題されたことを皮切りに英語版やスペイン語版でも *The Communist Manifesto*, *El Manifesto Comunista* と題されており、「党」の語は消えていることに気づいて、深い示唆を得ていた。その後、日本でも『共産主義者宣言』と題した訳書が刊行された（太田出版、金塚貞文訳、一九九三年）。この書には、柄谷行人による「なぜ『共産主義者宣言』か」と題する解説が付されていて、「党」を抜いたタイトルの意義が、説得力ある内容で展開されていた。以上のような問題意識に基づいて、本書では『共産主義者宣言』の訳語を採用する。

★6 一八四八年、ヨーロッパ各地では「革命と反革命」の攻防が激しく繰り広げられた。どこにあっても革命運動に加担するマルクスは翌年にかけて、あるときは政府に追われ、あるときは自ら望んで国境を超えて、ブリュッセル↓パリ↓ケルン↓ベルリン↓ウィーン↓ケルンなどで活動を続けた。四九年六月、彼はふたたびパリに戻ったが、フランス政府がブルターニュの不健康な沼沢地帯への追放命令を下したので、この「偽装された殺人計画」を嫌ってロンドンへの亡命を選んだ。同年八月二四日、マルクスはパリを発ってロンドンへ向かった。

★7 一八七六年に刊行された『資本論』第一巻、とりわけ「商品」「剰余価値」「労働日」などを論じた箇所から引いているのであろうが、ゲバラは引用箇所を明示していない。大月書店版『マルクス＝エンゲルス全集』第二三巻a『資本論』の該当箇所に、概念的な説明としての等質性は随所に見られるにしても、このままの表現を見つけることはできなかった。

★8 一八七一年四月一二日付けで、マルクスがルートヴィヒ・クーゲルマンに宛てた手紙で、次のような表現をしている。「パリの現在の蜂起は――なるほど旧社会の狼ども、豚ども、犬めらの前に屈しつつあっても――パリの六月蜂起以来、わが党の最も栄光ある行為です。このパリの、天をもおびやかす巨人たちを、ドイツ－プロイセン神聖ローマ帝国の天の奴隷たち、その滅亡後も兵営、教会、田舎貴族そしてとりわけ俗物の臭気ふんぷんたる死者の仮装行列をやっているこの国の天の奴隷たちと比較してもみよ。」（『マルクス＝エンゲルス全集』第三三巻、一七四頁、大月書店、岡崎次郎訳、一九七三年。傍点は引用者）。

『資本論　第一巻、資本の生成過程』（1867年）　大月版『M＝E全集』23a
『フランスの内乱』（1871年）　大月版『M＝E全集』17
『ゴータ綱領批判』（1875年）　大月版『M＝E全集』19
筑摩書房版（『マルクス・コレクション』Ⅵ、細見和之訳、2006）
『資本論　第二巻、資本蓄積過程』（公刊1885年）
大月版『M＝E全集』23b
『資本論　第三巻、資本主義的生産の総過程』（公刊1894年）
大月版『M＝E全集』25ab
『剰余価値学説史』（『資本論』第四巻）　大月版『M＝E全集』26 Ⅰ Ⅱ Ⅲ

フリードリヒ・エンゲルス
『国民経済学批判大綱』（1844年）　大月版『M＝E全集』1
『イギリスにおける労働者階級の状態』（1845年）　大月版『M＝E全集』2
『ドイツ農民戦争』（1850年）　大月版『M＝E全集』7
『ドイツにおける革命と反革命』（1851～52年、公刊1896年）
大月版『M＝E全集』8
『住宅問題』（1872年）　大月版『M＝E全集』18
『反デューリング論、科学におけるデューリングの革命』（1877年）
大月版『M＝E全集』20
『空想から科学への社会主義の発展』（1880年）　大月版『M＝E全集』19
『自然の弁証法』（1883年）　大月版『M＝E全集』20
『家族、私有財産および国家の起源』（1884年）　大月版『M＝E全集』21
『ロシアにおける社会的諸関係』（1885年）

＊エンゲルスは1883年から84年にかけて、ロシア・ナロードニキのロパーチンやクラフチンスキーの訪問を受けたり、同じくナロードニキのザスーリチに宛てて長い手紙を書いて、ロシアにおける革命的危機への関心を示しており、この時期ロシアに関する一定量の発言が書簡を含めてあり得たではあろうが、ゲバラが読んだという1885年刊行の書物のスペイン語訳が、どのような編集内容のものなのか、不明である。

『ルートヴィヒ・フォイエルバッハとドイツ古典哲学の終焉』（1886年）
大月版『M＝E全集』21
『フランスとドイツにおける農民問題』（1894年）大月版『M＝E全集』22
『マルクスの資本論に寄せて』（最初の公刊1936年）

＊『資本論』に関するエンゲルスの論考は複数あるが、これがどれに該当するかは不明である。

チェ・ゲバラが読んだマルクス・エンゲルス著作リスト

以下の論文名・著作名および発表年代と若干の付記は、本書の英語版でなされているものである。ここでは、それに加えて、日本語訳の文献をすべてに関して掲げる。まず、それぞれの文献が収録されている『マルクス＝エンゲルス全集』（全41巻、別巻4、補巻4、大内兵衛・細川嘉六監訳、大月書店、1959～91）［大月版『M＝E全集』と略記］の巻数を算用数字で記す。なお、この全集は書物としての刊行を終え、1996年以降はCD－ROM版（全8枚）として、同じ大月書店から出ている。その他に、特に注目すべき翻訳本がある場合には、2行目以降に記す。〔訳者〕

カール・マルクス

『ヘーゲル法哲学批判　序説』（1844）　大月版『M＝E全集』1

『経済学・哲学草稿』（1844、公刊1932）　大月版『M＝E全集』40

『聖家族あるいは批判的批判の批判、ブルーノ・バウワーとその一味に対して』（1845、エンゲルスと共同執筆）　大月版『M＝E全集』2

『ドイツ・イデオロギー』（1845、エンゲルスと共同執筆）
大月版『M＝E全集』3
河出書房新社版（廣松渉編、日独対訳版、1974）
岩波文庫版（廣松渉編訳、小林昌人補訳、2002）

『哲学の貧困』（1847年）　大月版『M＝E全集』4

『賃労働と資本』（1847年）　大月版『M＝E全集』6

『共産主義者宣言』（1848年、エンゲルスと共同執筆）
大月版『M＝E全集』4
太田出版版（金塚貞文訳、1993）

『フランスにおける階級闘争、1848～50』（1850年、公刊1895年）
大月版『M＝E全集』7

『ルイ・ボナパルトのブリュメール18日』（1852年）
大月版『M＝E全集』8
平凡社ライブラリー版（植村邦彦訳、柄谷行人付論、2008）

『イギリスのインド支配の将来の結果』（1853年、エンゲルスと共同執筆）
大月版『M＝E全集』9

『経済学批判序説』（1859年）　大月版『M＝E全集』13

『フォークト君』（1860年）　大月版『M＝E全集』14

『賃金、価格、利潤』（1865年、公刊1898年）　大月版『M＝E全集』16

解説

太田昌国

1

チェ・ゲバラが、ボリビアでの最後のたたかいを直前にした三〇代後半の日々に、マルクス主義経済学の研鑽を積み重ねていたということは、死後ほどない頃から言われていた。ゲバラが経済のあり方に並々ならぬ関心を抱いていたことについては、一九五九年キューバ革命直後からの一〇年間に生起した諸問題を分析している、ポーランド生まれのジャーナリスト、K・S・カロルの詳細な報告『カストロの道——ゲリラから権力へ』（読売新聞社、弥永康夫訳、一九七二年。原書の発行は一九七〇年）が一定の頁を割いて述べている。そこでは、世界じゅうの多くの人びとが気づいていた、虚偽が充満するソビエト的社会主義とは異なり、キューバでは真の社会主義を求める人びとの真剣な試行錯誤が試みられていること、だがその試みは、北の大国＝アメリカ帝国主義の卑劣な妨害工作もあってさまざまな困難に直面していること、米国によるキューバ封鎖網や圧力が強まるに従って、それに対抗してソ連のキューバ介入の度合いが深まり、その影響が顕著になりつつあること、今までにない独自の性格を持っていたキューバ革命は、ソ連の介入によって深い危機にさらされている側面もあること、したがって、米ソの角逐のなかで苦闘する小国＝キューバは「世界を引き裂いている危機や矛盾を、集中的に体現」しているがゆえに「一種の共鳴箱となり、現代世界において発生するいかに小さな動揺に対しても、またどれほど小さな悲劇に対してであろうとも、鋭敏に反応するようになった」こと――などが、豊富な文献資料、インタビュー、見聞を通して、明らかにされていた。なかでも、社会主義経済の建設方法をめぐって、シャルル・ベトレームやルネ・デュモンなどフランスの経済学者と、キューバ側ではチェ・ゲバラが中心になって交わす討論の様子が興味深かった。

ここで付言するなら、本書七六頁の訳註★7で触れたように、一九六五年にフランスの哲学者、ルイ・アルチュセールが書きあらわした『マルクスのために』は、キューバの共産主義者との討論のために用意された、という解釈があるように、キューバ革命の進展に注目していたのは、同じ状況を生きる第三世界の人びとばかりではなかった。欧米社会の理論家も実践家もまた、大いなる関心をこの革命の行方に掻き立てられていたのである。スペイン語版／英語版

「編集者のノート」が言うように、ゲバラは「経済」と「哲学」の二分野に終生重大な関心を持ち続けたが、総体としてのキューバ革命はそれに見合った反応を、異なる地域の経済学者や哲学者から受け取っていた、と言える。日本でも、画家・富山妙子や作家・堀田善衛が、いち早く、この革命の行方に関心を寄せた（富山妙子『中南米ひとり旅』、朝日新聞社、一九六四年。堀田善衛『キューバ紀行』、岩波新書、一九六六年。一九九五年以降は集英社文庫）。その思いは、広く民衆レベルのものでもあった。世界を貫いていたこの同時代感覚は重要なので、その意義を強調しておきたい。

チェ・ゲバラが、経済の問題においてキューバ側を代表する当事者のひとりであったのは、彼が国立銀行の最高責任者の位置に就き（一九五九年）、さらに新設された工業省の担当相になり（一九六一年）、加えて、経済使節団の団長として世界各国への歴訪を頻繁に繰り返していた（一九五九〜六五年）という、彼の政治的位置からきている。また、資本主義とは価値観を決定的に異にするはずの社会主義社会にあっては「新しい人間」がいかに形成されるのかという、経済構造を基盤とした哲学的な問題にも、彼の心は引きつけられていたからである。

カロルの書に基づいて、当時のキューバの経済上の論点をまとめてみる。

一、ゲバラは、社会主義社会においても価値法則が機能している点には批判的でありながら、ソ連から直輸入した管理と計画化の方法を完璧に実施するなら、「時計のような正確さ」をもって、キューバ経済が機能することに微塵の疑いも持っていなかった。したがって、少数の専門家が、誰からも監督をうけない政治指導者の選択に従って策定する、経済計画そのものが孕む欠点についての自覚はなかった。

二、ゲバラは、一九六二年一〇月の「キューバ危機」が、キューバの存在を無視した米ソの頭越しの取り引きによって「解決」されたことに関して、拭いがたい対ソ不信感を抱いており、その延長上で、当時のソ連が実施していた経済改革に対する批判も増幅していた。

三、ゲバラは、社会主義体制下においては「採算」「価値」「商品」などの概念は資本主義経済における場合とはまったく異なる意味をもつのであり、企業は集団に仕える一つの全体に属しているのだから、独自の採算性をもつ独立の単位ではない、と考えていた。ゲバラにとっての革命とは、大量の貧困層に対してなされた不正を償うべき正義の事業であり、企業に財政的な自治権を与えることは、旧体制下でも比較的豊かで、要領よく立ち回ることのできる層を有利にしてしまう、と考えたのだ。

カロルも述べているが、チェ・ゲバラは、世界のどこかで不正義が行なわれるたびに心から本当に苦しむような、カール・マルクスのヒューマニズム的思考法へ回帰した地点から、物事を捉える人間であったことがわかる。

2

チェ・ゲバラは、その後も、一連の討論でより研ぎ澄まされた問題意識をもち続けた。しかし、その時期は、本書の本文はもとより、「編集者のノート」「訳註」も示しているように、彼が長期間の海外諸国歴訪を行ない、コンゴおよびボリビアでの国際主義的任務に就くための準備と実践を優先しなければならない時期に、まともに重なっていた。私は、ソ連邦が崩壊して一年後の一九九二年末にはじめてキューバを訪問したが、「カサ・デ・ラス・アメリカス（アメリカの家）」出版局の担当者は、チェ・ゲバラの遺稿を整理中であり、そのなかには、経済学関係のものも含まれている、と語っていた。だが、それらは論文というよりも、メモや既存の書物への評註的なものが多く、チェ・ゲバラの筆跡に慣れた人が作業を行なっても解読にはかなりの時間がかかるということであった。確かに、私がその話を聞いたときから数えても一四年の歳月をかけて後の二〇〇六年に、それらは一冊の書物としてまとめられた。次の著書がそれである。

Apuntes Críticos a la Economía Política, editado por María del Carmen Ariet García, Ocean Press, 2006, Melbourne.（マリーア・デル・カルメン・アリエト・ガルシーア編『経済学評註』、オーシャン・プレス、メルボルン）。参考までに同書の目次を掲げてみる。

2 工業省で行なわれた会議議事録抜粋

3 書簡

アントニオ・ヴェントゥレーリ宛、一九六二年一一月一九日付け

シャルル・ベトレーム宛、一九六四年二月六日付け

ホセ・メデレ・メストレ宛、一九六四年二月二六日付け

レオ・ニューバーマン＋ポール・M・スウィージー宛、一九六四年六月一二日付け

シャルル・ベトレーム宛、一九六四年一〇月二四日付け

4 カイロのエル・タリフ紙（『前衛』）とのインタビュー抜粋、一九六五年四月

これでおわかりのように、本書『マルクス＝エンゲルス素描』は、本来は、この書物全体の一部をなすものとして構想されていたものである。「試案」と題されている部分に、「編集者のノート」が述べている〈「経済学」に関する、来るべき書物〉の構想が描かれている。その冒頭にあるのが、次の文言である。

（フランツ・メーリングが著わした『マルクス伝』を参考にしながら）マルクスとエンゲルスの生涯をたどるのだが、その際、その著作に対するわずかなりとも説明的な批評を加えるものとする。

マルクスの方法の説明

アルチュセールに関する言及

マルクスの先行者たち（経済学のスミスとリカード、哲学のヘーゲルとフォイエルバッハ）

弁証法的唯物論（矛盾はいかに機能するか）

科学者、革命家としてのマルクス（その「苦境」、資本主義の成熟、平和的移行）

『マルクス＝エンゲルス素描』（以下、『素描』と略す）それ自体の、荒削りなスケッチがなされていることがわかる。ここでは「試案」の全容を紹介する余裕はないが、先に紹介した『経済学評註』（以下、『評註』と略す）の目次と対比すると、「試案」の多くは、準備段階のまま未完に終わっていることが歴然としている。『素描』も、時間さえ許されたなら、さらに推敲されたり、書き足しされたりした可能性を否定することはできない。しかし、「マルクス主義経済学に触れたことのない、その創始者たちの有為転変を知らない人びと」にとって、「(彼らの)著作の水先案内人役」を果たすものであってほしいとの希望はチェ・ゲバラ自身が述べており、著者自身が一定の完結性を得たものと考えていたと推測はできる。オーシャン・プレス社も、これを単独の著作として刊行したことから、私たちも、まずもって、この小さな書物を刊行することにした。

『素描』も、『評註』全体も、繰り返し触れるが、一九六五年から六六年にかけての短期間での「理論」的作業の足跡である。これと同じ時期に、チェ・ゲバラは、ボリビアにおける国際主義的任務という「実践」の準備を遂行しなければならなかった。

私は、世界と日本における、「ゲリラ戦士」像に偏したチェ・ゲバラの捉え方に違和感をおぼえ、それとは異なるゲバラ像を提出しようとしてきた(たとえば、『ゲバラを脱神話化する』、現代企画室、二〇〇〇年。その増補改訂版『チェ・ゲバラ　プレイバック』、同、二〇〇九年)。「英雄的なゲリラ兵士」「武装闘争至上主義者」という一面的な解釈が広まることで、社会にゆきわたるチェ・ゲバラ像がひたすら矮小化の道をたどることに、いたたまれぬ思いを感じてきた。最近の例で言えば、スティーブン・ソダバーグ監督の『チェ　28歳の革命』と『チェ　39歳別れの手紙』という二部作の映画は、それ自体としてはけっして悪い作品ではない。しかし、キューバの革命戦争（一九五六～五九年）とボリビアのゲリラ闘争（一九六六～六七年）に限定してチェ・ゲバラの人間像を提起することで、そこでは描かれることのない空白の時期を生み出され、したがってその間に生じた諸問題が無視されるという結果に繋がってしまった。一九五九年から六五年まで、チェ・ゲバラは革命の過程にいかに関わったのか、という問題である。「理論」を軽視したり、あるいはその研鑽を怠ったりしたまま、「実践」にのみ走った人物ではなかっただけに、一面的な捉え方は大きな問題を遺すことになる、というのが私のこだわりであった。

また、二〇世紀末以降、いくつもの国で現実に試みられた社会主義の体制は次々と無惨な形で崩壊し、思想としてのマルクス主義もその影響力を低下させてきた。そのなかで、確信をもった共産主義者として生き抜いたチェ・ゲバラが、ひとり、社会変革の理論と実践が逢着している悲惨な現実とは無関係であるかのように、「一面的な」関心と「憧憬」あるいは「称揚」の対象とされていることに、違和感を感じてきた。本書で、チェ・ゲバラがマルクスについて語ったことば――「マルクスは、共感能力が世界じゅうで苦しむ人びと全体に及んでいるような人間的な人物で、真剣なる闘争と、揺るぎない楽観主義のメッセージを携えていたが、歴史によって歪曲され、石のごとき偶像とされてしまった。彼のような規範がいっそう光を増すためには、私たちは彼を救抜し、人間らしい大きさを与えなければならない」は、現代におけるチェ・ゲバラにも適用できると、私は考えてきた。

3

この空白を埋める仕事なら、どんなことでも意味があると考えて、この小さな翻訳作品を世に送り届けたい。『素描』それ自体へのコメントは控える。読者の皆さんに委ねるのがよいと考えるからである。以下に綴るのは、したがって、『素描』の背後に広がり得る「可能性」についての、私の考えである。

まず、『評註』の中身を具体的に見ていくことから始めたいが、その際に参照するものとして、『評註』の他にもう一冊の重要な書物がある。Helen Yaffe, *CHE GUEVARA : The Economics of Revolution*, Palgrave Macmillan, London, 2009.（ヘレン・ヤッフェ『チェ・ゲバラー──革命の経済学』、パルグレーブ・マクミラン社、ロンドン）である。キューバの文書館で資料の渉猟を行ない、経済に関わるゲバラの発言と活動を身近に知る人びととの膨大なインタビューによって裏づけられているこの書は、ゲバラを軸にキューバ革命五〇年の歩みを知るうえで、重要な重みを持っている。

『評註』の序文として収められている「社会主義的過渡期を巡るいくつかの内省」は、一九六五年四月、キューバを出国するゲバラがフィデル・カストロに宛てた手紙からの抜粋だという。ソ連の現状をどう捉えるかということが、ゲバラの大きな問題関心であったことがわかる。

「この本の必要性」では、マルクスの『資本論』を手がかりに社会主義経済のあり方を模索するこの本が、「低開発状態からの叫びであるのが特徴だ」としている。大きな市場も持たず、国際的な労働分業を利用するわけにもいかない、孤立した小さな島国が社会主義の冒険に踏み出すのは史上初めてのことだが、それだけに、従来の社会主義国にはない経験に基づく貢献ができるかもしれない、とするのがゲバラの秘めたる自負だといえる。

「有名な書物・ソ連邦科学アカデミー編『経済学教科書』の教義に関する一〇の質疑」は、A

5判四三一頁という大著である『評註』の一五〇頁を占めている。ほぼ三分の一に相当する。『経済学教科書』の日本語版は、かつて合同出版社から刊行されていた（全四巻、一九五五年）。私はその世代に属してはいないが、学生サークルや労働組合運動のなかでの学習会テキストとして頻繁に用いられていたという雰囲気を、一九五〇年代末から六〇年代初頭にかけて感じていた。

一九六六年一一月以降、コンゴでの活動の結果に惨めな思いを抱え込んでいたゲバラは、タンザニアのダルエスサラームにあるキューバ大使館の一部屋で、続けてチェコのプラハの一隅で、コンゴ総括や社会主義経済学の研鑽に励んでいた。その際、批判的な検討の対象にしたのが『経済学教科書』であった。ゲバラの妻、アレイダ・マルチは、このころ、秘密裏にゲバラのもとを訪れているが、ヘレン・ヤッフェによれば、評註が書き込まれた『経済学教科書』をキューバに持ち帰ったのはアレイダであったという。それは、工業省でともに仕事をして以来ゲバラが全幅の信頼をおき、『資本論』の講読サークルの仲間でもあったオルランド・ボレゴ・ディアスに渡された。オルランドはそれを四〇年間にわたって封印・保管していたのである。因みに、Orlando Borrego Días, *Che : el Camino del Fuego*, Imagen Contemporánea, La

Habana, 2001.（オルランド・ボレゴ・ディアス『チェ：銃火の道』、イマヘン・コンテンポラネア社、ハバナ）も、工業省をはじめ経済分野でのチェ・ゲバラの足跡と発言を跡づけた重要な著作である。

このように大事に守り通されてきた『経済学教科書』コメンタリーであるが、先に触れたK・S・カロルが言うように、私は同書を「怪しげな価値しかないソ連の文書」だと捉えているので、チェ・ゲバラが、一九六三年にスペイン語版が発行されたこの書物に評註を加えていたことを知って、かつて次のように書いた。

革命初期のキューバを訪れたフランスの経済学者、シャルル・ベトレームや農業経済学者、ルネ・デュモンらがキューバの経済状況を観察した印象を聞いたり、彼らがなした助言をめぐって、前向きの論争をすでに繰り広げたりしていたゲバラが、それから数年を経た一九六五〜六六年段階で、マルクス主義経済学の批判的検討のために参照していたテキストが『経済学教科書』であったという事実に、痛ましい悲劇を思う。それは、理論的逆行あるいは退行とも呼ぶべきことだからである。もちろん、帝国主義国の労働者階級の位置をめぐって、あるいは植民地支配の歴史過程をめぐって『経済学教科書』の記述の誤りを指摘する評註には、ゲバラならではのものがある。しかし、「評註」の内容は、テキスト本文を超えることはあっても、それに規定され制約された展開にならざるを得ない。その後選択した生き方からして残り時間の少なかったゲバラが、今さら格闘すべき水準の書物ではなかった、という恨みが残る。（「「反カストロ」文書を読む」、『現代思想』二〇〇八年五月増刊号「フィデル・カストロ」総特集号、青土社。のち、太田昌国『チェ・ゲバラ　プレイバック』、現代企画室、二〇〇九年に収録）

『経済学教科書』（以下、『教科書』と略す）に対するチェ・ゲバラの批判的な評註を、もう少し具体的に書いてみる。

「資本家たちは常に、どこにおいても、労働者の生活の物質的・文化的水準をもっとも低い地点に下げるために努力している。他方、労働者は、資本家たちのこのような意図に抵抗し、自分たちの生活水準の向上のためのたたかいを展開する」という『教科書』の平板な主張に対して、ゲバラは次のように対置する。「近代帝国主義は、他地域の民衆を搾取することによって得られたそのおこぼれの一部を労働者にも配分する」。この論点に関しては、後段でもう少し詳しく触れる。

『教科書』はまた、「武器生産競争は、労働者に対する搾取と独占資本の利益を増大させる」と主張する。ゲバラは反問する。「それは失業を減らし、相対的な繁栄をもたらすだろう」。このように展開するゲバラの論点は、もちろん、このような資本主義的生産のあり方を肯定することにあるのではなく、独占資本の利潤の一部は帝国主義本国の労働者にも還元されてその保守化を招くという構造自体を批判的に分析するところにある。

ここには、自著が「低開発状態からの叫びであるのが特徴だ」としたゲバラ独自の観点が表われている、と言える。この点で、ゲバラと同時代の革命理論家、フランツ・ファノンとの間に共通の問題意識を見ることができる。ゲバラが、米国の経済学者、ポール・バランの『成長の経済学』を書評した文章は未発表だが、『評註』の編者解説でその一部が引用されている。ゲバラは言う。

「本書（『成長の経済学』のこと）はフランツ・ファノンの『地に呪われたる者』とともに、

低開発の問題を深く追究している。ファノンはそれをもっぱら被植民者の観点から行なった。そこに彼の独自性がある。バランは帝国主義者の上着は脱ぎ捨てて、苦い真実を探ろうとしている。彼の処方箋と診断は無慈悲で、正確になされるべき場所で行なわれている。ある弱点を指摘するとすれば、帝国主義的発展と経済的植民地の不可避的な繋がりを見る歴史的視点の厳格さに欠けること、社会主義諸国と低開発諸国との関係を批判的に分析する視点が欠如していることであろう。それこそが今後書かれるべき書物であり、それは共産主義者こそがなすべきだろう」。

キューバで刊行されるスペイン語訳『地に呪われたる者』の序文は、チェ・ゲバラが書く予定だったという。この魅力的なプランは実現されなかったが、上に引用した文言は、せめても、ファノンとゲバラの間には著作を通しての対話が成立し得たことを暗示するに十分である。ふたりがこだわる「低開発」とはどういうことか。一九五九年革命当時のキューバ社会の現実を分析しているいくつかの基本文書からまとめてみる。ヒューバーマン＋スウィージー『キューバ——一つの革命の解剖』（岩波新書、一九六〇年）や「ハバナ宣言」（『カストロ演説集』所収、新日本出版社、一九六五年）などからである——首都ハバナは「繁栄」を謳歌しているかに見える。だが、その「繁栄」を象徴するのはキャデラック、キャバレー、カジノ、売春宿など、休暇で来国する米国人が主役の享楽施設である。農村部の貧農が、季節労働でしかない製糖業で働くことができるのは年に数ヵ月、残りは「死の季節」だ。住宅・水道・電気・衛生・医療・食事・教育など、人間生活の基本をなす基礎的な仕組みは、徹底的に軽視されてきた。労働人口の二五％が失業しているのが常態である。基幹産業も金入資本も、ほぼ米国企業に独占されている。熟練労働者が形成されてきていない。領土内に米国の軍事基地が押しつけられている。

これらすべての現実を引き受けた地点で、キューバ革命は開始された。マルクス＝エンゲルスの論理からすれば「資本主義を打倒しその墓を用意するのは労働者階級（プロレタリアート）」であるが、それが形成されていない社会において、社会主義革命はいかに遂行され得るのか。ゲバラはこの問題に真正面から向かい合ったと言える。そして、資本主義体制の不正義を誰よりも知っていたゲバラは、同時に、にもかかわらず資本主義がその中軸たる企業活動を通じて蓄積してきた技術的および管理運営上の「成果」を無視するほど、非現実的ではなかった。革命政府が接収した電力系の米国企業の会計文書を検討したゲバラは、コストが上昇したり生産量が落ちたりしたときに企業側が取った対応策の迅速性を読み取って、「独占企業」のあり方への関心を深めたという証言も残されている。そのことを確認したうえで、彼の非凡性は、生産力を向上させる量的な課題とともに重要なことは、共産主義社会に向けて人間の意識と社会的諸関係を準備するという質的な課題であることを意識していたこと、自分たちは貧困ともたたかうが、同時に疎外ともたたかうことに常に自覚的であったこと、経済的な現実とともにそれが人の心に反映する事柄にも深い関心をもったマルクスを手本としていたこと——などの諸点に認めることができる。

4

『教科書』の問題点は、ゲバラの評註によって、さらに浮かび上がる。工業相担当として工業分野での生産力向上の必要性を痛感していたゲバラではあったが、キューバにおいても、世界規模で考えても、主要な矛盾がどこにあるかを見のがすことはなかった。ゲバラがとりわけ注目するのは、国際的にいえば被抑圧民族と抑圧民族間の関係性、一国的にいえば都市部住民と農村部の貧農との関係性、これである。ゲバラからすれば、『教科書』は独占以前と独占段階の資本主義の区別を明確にしていないために、現代の主要矛盾を捉え損ねていることになる。そこでゲバラが提起するのは、以下の論点である。

一、従属諸国（被抑圧諸国）においては、外国資本の投資は、いかなる搾取が行なわれていようとも誰も関心を持たない農民階級との比較で言うなら、労働者階級に一定の恩恵をもたらすことになる。

二、発展した諸国における労働者階級は、帝国主義に対する共同のたたかいを組むという意味で、民族解放闘争と結びつくことはしない。それは、おこぼれに預かることで、帝国主義との共犯者になっているからである。大多数の国において、真に惨めな存在は土地なき農民であり、そこにこそ真の革命的な力が存している。

三、民族ブルジョアジーは、歴史的に言えば、民族解放闘争において進歩的な役割を果たしたが、今日では、民族資本家たちは、とりわけラテンアメリカとアフリカにおいては帝国主義と盟約を結んでいる。

四、帝国主義諸国の労働者階級は、結合力と組織力を強めているが、自覚的に、ではない。帝国主義は彼らに分断の種を植えつけた。国内の階級的搾取に対抗しては組織力を強化し意識化も進めるが、それは外部に向かってのプロレタリア国際主義を伴うものではない。したがって、少なくとも今日では、彼らはもはや革命的前衛ではないのである。
五、帝国主義諸国の労働者階級の広範な層は、従属諸国との関係性に関しては、日和見主義に覆い尽くされている。大国の労働者大衆は、こと弱小国との関係では、労働貴族と規定することが可能なほどである。
ゲバラのいう「低開発状態」からの分析視角がどのようなものであるかが、わかる。これが書かれていたのは一九六〇年代半ばであるが、高度経済成長期を迎えた帝国主義本国に暮らしていた私たちの問題意識と交錯するものを感じる。「私たち」とは、当時『世界革命運動情報』誌（レボルト社）に拠って、帝国主義本国と第三世界（ゲバラの表現で言えば、「従属諸国」あるいは「被抑圧諸国」）のあいだの関係性を軸に据えて、世界の構造分析を歴史的に行なうことを志していた小集団のことである。

5

ソ連版『教科書』の講義内容と、チェ・ゲバラの立場の分岐点は、もはやはっきりしただろう。ここで『教科書』を離れて、ふたたび『評註』の内容に戻ろう。後に続くのは【付録】である。最初にくるのは「マルクス主義の経済－哲学に関する批判的なノート」である。マルクス、エンゲルス、レーニン、毛沢東などの著作に対する評註であるが、抜粋であり、ここで触れるべきことは見当たらない。続くのは、「工業省で行なわれた会議議事録」である。これも抜粋であり、ゲバラ以外の参加者の発言がていねいに拾われているわけではないから、文脈を理解するには難しい箇所もある。しかし、これまでの記述でゲバラの問題関心がどこにあったかは明らかになったと思うが、それは、同時代に、日本を含めた欧米諸国で起こっていたネオ・マルクス主義による既成社会主義国批判や、新たな理論分野の模索と重なり合ってくることがわかるだろう。欧米や日本のネオ・マルクス主義者とゲバラの決定的な違いは、後者が、政策決定の場にも居合わせており、そこで社会主義の新たな地平を切り開こう努力していた、ということだろう。工業省の会議におけるゲバラの発言を読むと、彼が追究していた「理論」が日々の「実践」のなかで検証されているという印象を受ける。

そこで最後に、経済問題に関わってのチェ・ゲバラの言動や周囲の状況を取り上げて、その後の「可能性」を暗示しているものをいくつか紹介し、『素描』と『評註』で断ち切られてしまった可能性の大きさと深さを思うよすがとしたい。

一九五九年七月〜九月　日本を含めた各国歴訪の際に、ユーゴスラヴィアも訪問した。同国で実践されていた労働者自主管理による工場運営や自発的労働に深い印象を受けた。また、ソ連圏に位置しながら、丸ごと包摂されているわけではない自立性・自律性にも強い印象を受けた。

一九六一年二月　チェ・ゲバラは新設された工業省の担当相になった。農業生産の多様化、製造工業の強化、外国貿易への依存度を減らすために工業化が不可欠であることは、自明のことだった。しかし、資金が決定的に不足していた。「革命的」クリスマス・カードの販売収入や幹部が給与の五〇％を拠出していくばくかの資金をつくるなど、涙ぐましい努力がなされた。他方、二年後のことだが、一九六三年四月末から六月初旬にかけて、フィデル・カストロは一ヵ月以上におよぶソ連訪問を行なった。砂糖協定を含めた両国間の新しい貿易協定が締結された。ゲバラは事前にその内容を知らなかった。ソ連圏との「分業」で、キューバは農業開発を優先することが謳われ、砂糖事業は新設の専門省に管轄となった。工業省の地位は、相対的に低下した。

一九六一年一〇月　チェ・ゲバラは工業省の会議で自己批判を行なった。「人びとをゲリラ兵士のように扱い、厳格な規律を求め、討論を欠いて、まるでゲリラ・キャンプにいるようなふるまいをしてきた。人びとと接するすべを知っているフィデル・カストロに比して、自分はキャバレーも、映画も、ビーチも知らない。家庭にもいない。キューバの人びとの暮らしを知らず、統計と数字と概要に埋もれていた」。「人びとが、多様な各自の考えに基づき、多様な各自の確信を持って、社会が取るべき大きな集団的努力の一員であると感じられるような方向性を追求すること」を約束する。そのためには「生産の集団化、労働者の参加」が不可欠だ。

同じ頃、雇用保障・教育と職業訓練と医療の無償制度化・食糧配給制度・物価凍結など、資本主義社会ではあり得なかった制度的な保障を享受し始めた労働者のなかで、怠惰による「欠勤」が目立ちはじめた。前年の中国訪問で、中国民衆のモラルの高さとつましい生活状況を知っていたゲバラは語った。「怠業の問題は、生産コストへの影響だけには終らない。倫理の問題だ。キューバ革命に連帯して物資を送るために努力している中国の民衆のことを思わないのか」。

一九六二年一月　オートメーションとエレクトロニクスの時代がくることを重視するように

なった。
――ゲバラの関心領域の深まりと広がりを示す発言リストは、さらに長く続けることができる。しかし、私たちは、これまでの記述で、ゲバラの問題意識のありかをほぼ同定できるだけの情報を得ただろうと思われる。

6

ヘレン・ヤッフェは、工業省などでゲバラとともに働いたエディソン・ベラスケスが、二〇〇六年に行なった証言を引用している。「コンゴのあとで、ゲバラはソ連の『経済学教科書』の批判を開始した。そして、二〇年も経てばソ連は資本主義に回帰していることだろう、と予言した。経済学者でもなく、輝かしいエコノミストでもないのに、問題の根源に行き着いたのは、彼の天才性の現われだろう。ソ連が行なっていることは、社会主義建設に関わるマルクスとエンゲルスの思想からかけ離れるばかりであった。ゲバラは研鑽を重ねて、問題の本質を掴んだのだ」。

これまで見てきたもろもろの発言をチェ・ゲバラが行なっていたのは一九五九年から

一九六七年にかけて、であった。ゲバラがその「社会主義」の内実を厳しく批判したソ連邦体制は、一九九一年末、瓦解した。その間に流れた時間は、三〇年から二四年であった。二〇一〇年のいま、それからさらに二〇年近い歳月が過ぎた。マルクス＝エンゲルスはもちろん、チェ・ゲバラにも想像すらつかなかった新しい現実が、世界には次々と生まれている。この時代を生きなければならない私たちは、マルクス＝エンゲルスおよびチェ・ゲバラの「遺産」から何を引き継ぐのか、何を引き継いではならないのか、何が足りなかったのか、何が過剰だったのか、などと考えながら、翻訳・註解・解説の作業を行なってきた。新たな課題も見えてきているが、それは、もちろん、別の書物によって行なうべきことだろう。

＊

本書の著作権表示欄には、契約書に従って英語版のタイトルが記されている。もちろん、原文はスペイン語で書かれたものであるから、依拠した原書はスペイン語版である（*Marx y Engels, Una Síntesis Biográfica*）。適宜、英語版を参照して訳出した。マルクス＝エンゲルスの論文と書簡からの引用は、チェ・ゲバラが依拠しているスペイン語版から訳出した。引用する際にゲバラが誤記している場合もあり、日本語版との微妙な違いも散見された。短い引用の場合には、文脈を取り違えないために、日本語版の該当箇所の前段と後段を参照したり、そのまま引用させてもらったりもした。翻訳者の名前を明記してある箇所は、その方の訳文を、感謝の気持ちを込めて引用している。スペイン語版から翻訳している場合も、読者の便宜を思って、大月書店版『マルクス＝エンゲルス全集』の該当巻数と頁数を明記した。原著所収の写真のうち、マルクス＝エンゲルスの写真に添えられたキャプションは簡素だった。撮影年代の特定と伝記的事実の記述のうえで、以下の書物を参考にした。記して感謝する。大月書店編集部編『マルクス＝エンゲルス略年譜』（大月書店、一九七五年）。ドイツ史博物館（ベルリン）＋ディーツ出版社マルクス＝エンゲルス編集部編『伝記アルバム　マルクス＝エンゲルスとその時代』（大月書店、一九八二年）。大村泉ほか編『ポートレートで読むマルクス』（極東書店、二〇〇五年）。

（二〇一〇年五月五日記す）

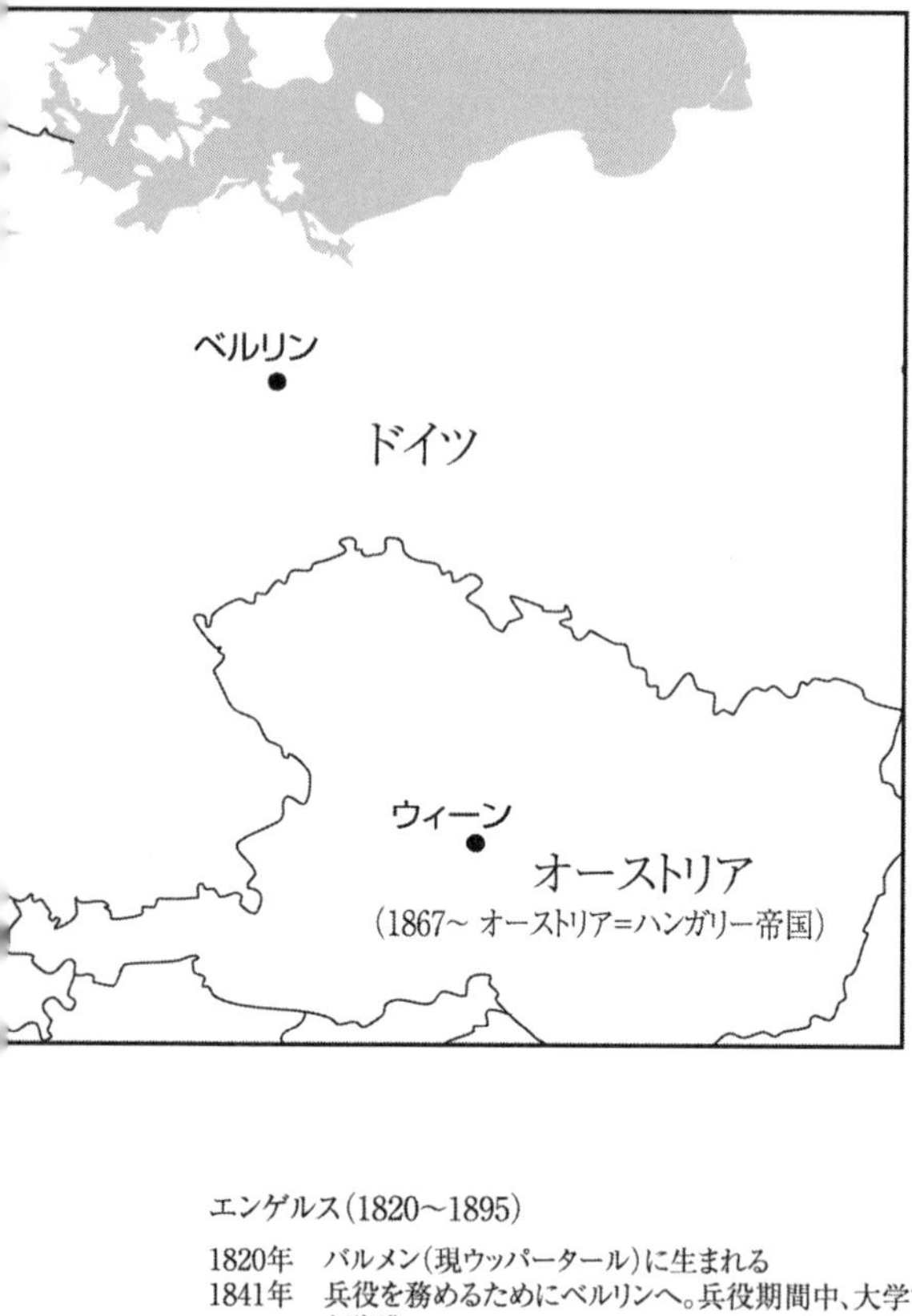

エンゲルス(1820～1895)

1820年　バルメン(現ウッパータール)に生まれる
1841年　兵役を務めるためにベルリンへ。兵役期間中、大学で哲学講義を聴講
1842年　イギリス・マンチェスターの紡績工場での修行へ行く途中、ケルンでマルクスに会う
1843年　イギリスからの帰国の途中、パリでマルクスに再会。以後、共同で理論的・実践的活動を始める
1848年　マルクスとともに『共産主義者宣言』を執筆、刊行する
1849年　バーデン=プファルツの蜂起に参加。敗北後、スイスなどを経てロンドンへ移る
1850年　マンチェスターの紡績工場で働き、研究と革命運動の組織活動に励みながら、終生マルクスへの経済的な援助を行なう
1895年　ロンドンに死す

マルクス=エンゲルスの足跡

マルクス(1818〜1883)

1818年	トリーアに生まれる
1835年	ボン大学に入学
1841年	途中ベルリン大学へ移り、ボンへ戻る
1842年	ケルンへ移る。このころ、エンゲルスに会う
1843年	結婚し、パリに移る
1844年	パリを訪れたエンゲルスと再会
1845年	パリを追放され、ブリュッセルに移る
1845年	エンゲルスとともにイギリス旅行
1847年	共産主義者同盟第2回大会出席のため、エンゲルスとともにロンドン訪問
1848年	ベルギーからの退去令でパリへ。ケルンで『新ライン新聞』編集に携わるも、プロイセン領からの退去令でパリへ。パリからの退去令でブルターニュへ——と転々とする
1849年	イギリスへ渡り、ロンドンが終の住処となる
1883年	ロンドンに死す

【書かれた人】

カール・マルクス

Karl Marx（1818 ～ 1883）

1818　ドイツのトリーアに生まれる

1835　ボン大学、ベルリン大学で法学・哲学を学ぶ

1942　この年以降、移動・追放・亡命を繰り返しケルン、パリ、ブリュッセルなどを転々とする。社会批判の雑誌の編集・執筆に関わりながら、革命運動に従事

1848　1842年以来の知己、エンゲルスと『共産主義者宣言』を執筆・刊行パリを追放され、ロンドンへ行く。以後、経済学を研究の軸に据えて、資本主義批判の理論的追究と革命運動の発展に努力

1867　主著『資本論』第1巻刊行

1883　ロンドンで死去

フリードリヒ・エンゲルス

Friedrich Engels（1820 ～ 1895）

1820　ドイツのバルメン（現ウッパータール）に生まれる

1836　父親に強要され、高校を中退し、働き始める

1841　兵役に就いている間、大学の哲学講義を聴講

1842　マンチェスターの紡績工場へ修行に行く前に、ケルンでマルクスと会う

1843　マルクスとの共同著作が始まる。マルクスとともに、ヨーロッパ各地で、革命運動の展開のための努力を行なう

1850　マンチェスターの紡績工場で再び働き、収入に事欠くマルクスを援助し続けながら、著作と革命運動の発展に尽力

1895　ロンドンで死去

【書いた人】
エルネスト・チェ・ゲバラ
Ernesto Che Guevara（1928～1967）
1928　アルゼンチンに生まれる
1956　旅先のメキシコで、亡命中のフィデル・カストロと出会う
誘われて、キューバ解放の武力闘争に参加
1959　キューバ革命勝利。キューバの市民権を授与される国立銀行総裁など、経済関係の重要閣僚に就任
他方、経済使節団団長として各国歴訪
また、ゲリラ戦争論を含めた解放闘争論、社会主義経済建設論、「新しい人間」論など広い分野で積極的に発言を行なう
1965　友邦＝ソ連を批判して後、キューバを出国
1966　コンゴでの国際主義的活動に従事
1967　ボリビアでのゲリラ闘争中に捕われて、銃殺される

【翻訳・解説者】
太田昌国（おおた　まさくに）
南北問題・民族問題研究。現代企画室勤務。著書に『鏡としての異境』（記録社、1987年）、『鏡のなかの帝国』（現代企画室、1991年）、『〈異世界・同時代〉乱反射』（同、1996年）、『「ペルー人質事件」解読のための21章』（同、1997年）、『日本ナショナリズム解体新書』（同、2000年）、『「拉致」異論』（太田出版、2003年。現在は河出文庫）、『チェ・ゲバラ　プレイバック』（現代企画室、2009年）など。

マルクス＝エンゲルス素描

発　行　2010年6月14日　初版第1刷2000部
定　価　1000円＋税
著　者　エルネスト・チェ・ゲバラ
訳　者　太田昌国
装　丁　泉沢儒花（Bit Rabbit）
発行者　北川フラム
発行所　現代企画室
東京都渋谷区桜丘町15-8-204
Tel. 03-3461-5082　Fax. 03-3461-5083
http://www.jca.apc.org/gendai/
印刷所　中央精版印刷株式会社

ISBN978-4-7738-1009-7 C0023 Y1000E